空襲被害はなぜ国の責任か

大阪空襲訴訟・原告23人の訴え

矢野 宏

せせらぎ出版

目次

表紙写真：原告のひとり谷口佳津枝さんの兄と姉

はじめに

太平洋戦争の開戦から69年たった２０１０年12月8日、「大阪空襲訴訟」は提訴から丸2年を迎えました。その2周年のつどいが大阪市中央区のドーンセンターで開かれ、３５０人を超える市民が参加しました。

ご存知ですか、大阪空襲訴訟――。

大阪大空襲の被災者と遺族が国に謝罪と1人あたり１１００万円の損害賠償を求める裁判を大阪地方裁判所に起こしたのは、08年12月8日のことでした。空襲をめぐる集団提訴は東京に続いて2例目です。

国は、１９５２年4月に「戦傷病者戦没者遺族等援護法」を制定、翌年には「軍人恩給」を復活させるなど、旧軍人・軍属とその遺族にはこれまでに総額50兆円もの恩給や年金を支給しています。一方で、民間の空襲被害者については「戦争という国の存亡にかかわる非常事態のもとでは、国民は等しく耐えねばならない」という「戦争損害受忍論」を押しつけ、何の補償もしていません。

大阪空襲訴訟の原告たちは「戦争損害受忍論を空襲被害者だけに押しつけるのは、法の下の平等をうたった憲法14条に違反している」「戦争終結を遅らせたことで甚大な空襲被害を招き、その後も被害者を救済せず放置した『不作為の責任』がある」と主張し、司法による解決を目指しています。

原告は、2次提訴を含めて23人。大阪や兵庫、奈良、長野の4府県に住んでおり、年齢は66歳から81歳。爆弾の破片で足を失った人、焼夷弾で顔や手足に大やけ

どを負った人、かけがえのない肉親を失って孤児になった人、一夜にして家財産を失った人など、さまざまです。

2009年3月4日の初弁論以来、これまで9回の法廷が開かれてきました。7人の原告が意見陳述を行い、戦後60年以上たってもその苦しみや悲しみは消えていないこと、子や孫たちの時代に二度と同じような悲劇を繰り返さないためにも、国が放置してきた空襲被害者を救済することなどを訴えてきました。

この裁判を通して明らかにされた事実があります。それは、死ななくていい命があったということです。

当時の国民は「国土防衛の戦士」と位置づけられ、空襲のさなかであっても「防空法」によって逃げることを禁じられていました。防空壕も命を守るための頑丈な避難所ではなく、一時的に待避する場所だったのです。大阪空襲訴訟弁護団は、「空襲被害は避けられなかった偶然の災害ではなく、国が選んだ政策の結果として生じたものだ」と指摘しています。

「あの戦争から65年、私たち空襲被災者は一日も心の安らぎのない人生を強いられてきました」

2周年のつどいで、原告団を代表してあいさつに立った安野輝子さん(71)はそう切り出しました。

「私は6歳のとき、米軍の落とした爆弾の破片を受け、その場で左足はちぎれてしまいました。歩けないので芋虫のように生きてきました。10代になったころ、『なぜ、あのとき戦争に反対してくれなかったの。戦争さえなかったらこんなに辛い目に遭うこともなかったのに』と、母を責めては困らせました。この裁判を起こして以来、私はその頃のことをよく思い出します。なぜ、立ち上がってくれなかったのという少女の叫びは、今、私たち自身に向けられているのだと思っています。私たち空襲被害者に何ら援護措置を取らず、放置してきた最大の根拠は、戦争で受けた損害を国民は等しく受忍しなければならないという『戦争損害受忍論』です。私たちがこのまま我慢と諦めの人生を受け入れて死んでしまえば、同じ歴史が繰り返されることになります。

内外の情勢が厳しい今、10年、20年後の子や孫たちの未来が気になります。だからこそ、戦時、戦後を生きてきた私たちが『戦争損害受忍論』を打ち破り、奪われてきた人権を取り戻し、真の民主主義を子や孫たちの世代に手渡したいのです。それが、この裁判を続けていける一番の原動力です」

さらに、安野さんはこう訴えました。

「差別なき戦後補償を求める闘いは、この国の、この世界の未来を築くことだと確信しています」

本書は、提訴直後に出版した『大阪空襲訴訟を知っていますか』（せせらぎ出版　09年刊）の第2弾です。その後、始まった法廷での闘いを振り返り、原告の心からの訴えをはじめ、弁護団が戦争損害受忍論を打ち破るためにどのような主張を繰り広げてきたのかをご紹介したいと思います。

さらに、空襲被害者の補償を求める運動が司法での闘いとは別に、立法による解決を目指して全国に広がっていることもあわせてご報告します。

第1章　原告たちの訴え

悲報

２０１０年3月22日、悲報が飛び込んできました。大阪空襲訴訟原告団の〝先導役〟であり、精神的な支柱でもあった小見山重吉さんが入院先の病院で急性肺炎のため亡くなったのです。79歳でした。

小見山さんは07年の秋に脳梗塞で倒れ、入院。原告の一人として大阪地方裁判所に出廷できたのは09年6月3日の第2回口頭弁論の一度きりでした。その年の夏から病状が悪化し、寝たきり状態になっていました。

「このままでは死んでも死に切れん。政府に謝罪してもらうまではあきらめへん」と妻の孝子さんによく漏らしていたそうです。

小見山さん自身が空襲で大きな傷害を負い、戦後も一貫して国に見捨てられてきた一人でした。

小見山さんは、太平洋戦争末期の１９４５年3月13日深夜から翌14日未明に大阪市を襲った第1次大阪大空襲で被災しました。

一家は当時、西成区に住んでおり、父母、兄と姉、疎開していた妹との6人家族。父は鉄工所を経営しており、母は助産婦をしていました。

家族が、自宅の庭に掘った防空壕へ逃げ込んだところ、焼夷弾が直撃したのです。小見山さんは全身火だるまとなり、大やけどを負いまし

小見山さんの遺影を抱く妻の孝子さん

た。当時14歳。その日以来、学校へは行っていません。

包帯を初めて外し、鏡に映した顔は膨れ上がり、「土左衛門よりも醜かった」そうです。顔や手足にもケロイドが残り、左手の指は曲がったままでした。

両親もやけどをしたため、一家の生活は困窮。小見山さんは治療費を稼ぐため、夜の日雇いを選んで働きました。不自由な手でもたもたしていると、「おい、猿」「このやけどが」などと、心ない罵声が浴びせられたそうです。

どこにも雇ってもらえないなら自分で仕事をするしかないと、戦災で焼けた父の鉄工所跡を復旧し、脳梗塞で倒れる日まで金型職人として働き通しました。

少年時代から、心の奥底に封印してきた空襲体験と向き合うことになったのは、幼い孫の一言でした。

「おじいちゃん、ジャンケンしよう」

小見山さんが「できへんのや」と言うと、孫は不思議そうに「何でできないの」。

孫を同じような目に遭わすわけにはいかん。二度と戦争を起こさせないようにせんと――。強い思いに突き動かされ、小見山さんは地元・西成区主催の「人権を考える区民のつどい」で、自らの体験をはじめて人前で語りました。95年の夏のことでした。

小見山さんは、民間の空襲被害者の補償を盛り込んだ「戦時災害援護法」の制定を求める運動にも関わってきました。法案は議員立法として73年から89年まで国会へ提案されましたが、次々と廃案になり、90年以降は審議すら行われていませんでした。

このまま声を上げなければ、空襲被害者は歴史から消えてしまう。小見山さんは「戦災傷害者の会」の安野輝子さんらと07年3月13日、ＪＲ天王寺駅前で、5月27日にもＪＲ大阪駅前で街頭署名を行いました。2ヵ月後、集めた３０００筆近い署名を持って内閣府と厚生労働省を訪ねましたが、「戦後処理は終わった」「担当部署がない」などと言われ、受け取りを拒否されたのです。

しかも、いったんはあずかった署名用紙を、お互いの省庁が宅配便を使って押し付け合いをしていたこともわかりました。

署名も受け取ってもらえず、自分たちの願いも国には届かない。もう裁判しかないと奔走しているときに倒れたのです。

安野さんは、自分たちの思いを受け止め、一緒に闘ってくれる弁護士を探しましたが、なかなか見つかりません。ようやく、高木吉朗弁護士と出会えたとき、入院する小見山さんのもとへ伝えに行きました。小見山さんは車いすに乗っていて、「安野さん、長かったなあ」と涙を流して喜びました。

提訴から1年3ヵ月。法廷という場で、国に向かって自らの思いを訴えたいという小見山さんの願いはついにかないませんでした。

孝子さんは「主人の遺志は家族が引き継ぎます」と、夫に代わって原告に名を連ねました。

大阪空襲訴訟の原告は1次、2次あわせて23人。原告の死は小見山さんがはじめてですが、平均年齢は78歳。裁判闘争は、まさに時間との闘いでもあるのです。

空襲傷害者

大阪空襲訴訟の口頭弁論は2009年3月4日に始まり、7人の原告が大阪地裁の大法廷で自らの空襲体験や、その後の苦難について意見陳述してきました。

原告たちに共通するのは、空襲によって受けた身体や心の傷は戦後60年以上たった今も癒えることがないということです。とりわけ、空襲で傷害を負った人たちは満足な治療も受けられず、戦争が終わってからも学校や職場、地域などでいじめられ、偏見にさらされ、働く機会を奪われるなど、苦難の道を歩んできたのです。

最初の口頭弁論で陳述したのは、原告団代表世話人の安野輝子さんでした。

安野さんは終戦1ヵ月前の1945年7月、米軍機が投下した爆弾の破片の直撃を受け、左足のひざから下を奪われました。当時6歳。死線をさまよい、奇跡的に命だけは取り留めました。後日、病院でガラス瓶に浮かぶ自分の左足を見て、「トカゲのしっぽのように足はまた生えてくる」と思ったそうです。で

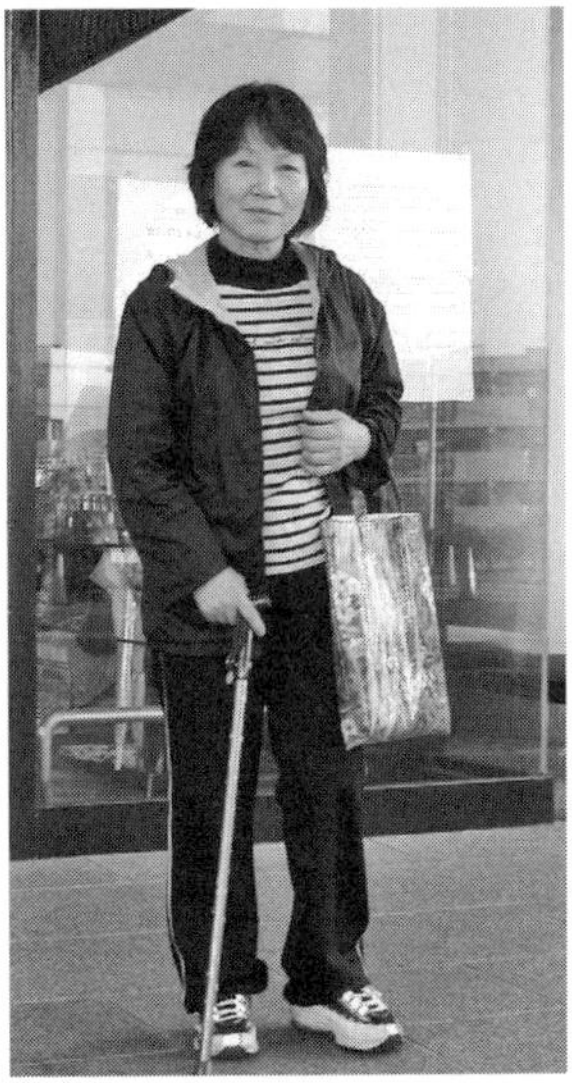
安野輝子さん

も、成長と共に辛い現実を知ることになります。

　証言台に立った安野さんは、松葉杖と義足での生活を余儀なくされた戦後の生活を振り返り、「振り返れば、私の人生は生きることへの闘いと我慢とあきらめの繰り返しでした」と涙ながらに語りました。

「小学校では松葉杖を隠されるなどのいじめにも遭いました。中学の卒業を待たずに母の故郷の大阪に移り住み、洋裁を習って生計を立ててきました。人目を避けながら、生活できるからです。若いときは、ハイヒールを履きたいと何度思ったことでしょう。そんな思いは誰にもわかってもらえない、口にすればみじめになるだけと、心に封印してきました。今でも毎朝、目覚めるとまずベッドの上で義足をつけないと、トイレにもいけません。どんなに歳月がたとうと、義足を付けるたびに、あの血の海の記憶がよみがえります」

　安野さんは嗚咽をこらえ、こう訴えました。

「このまま空襲戦災者が沈黙すればどうなるのでしょうか。命が尽きた瞬間、戦争によって無茶苦茶にされた人生は何事もなったかのように消えてしまい、戦争を起こした国の責任は、未来永劫うやむやになります。そうなれば、国民の命を虫けらのようにつぶし、家財産をごみあくたのように燃やしてもよいという政府の考えは今後もまかり通ってしまいます。生き残った私は、空襲で亡くなった人たちに代わって、声を上げ続ける責任があります。将来、子や孫たちが戦争の危険に脅かされ、同じ苦しみを繰り返させないために、もう一度立ち上がらなければならないと思いました」

　大阪市東住吉区の藤原まり子さんは原告団の中で最も若い66歳。45年3月13日、阿倍野区の自宅で生まれた2時間後に空襲に遭い、左足に大やけどを負ったの

藤原まり子さん

です。

　09年6月3日に開かれた第2回口頭弁論で、藤原さんは「私には、空襲の記憶は直接にはありません。でも、私の身に降りかかった戦争の苦しみは、一日も忘れたことはありません」と、陳述を始めました。

　防空壕に焼夷弾が直撃。産着に燃え移った炎で、藤原さんの左足は焼けただれ、膝の関節から下が内側に向かってぐにゃと曲がりました。自宅近くの焼け残った病院で診てもらいましたが、充分な薬もなく、やけどした左足に赤チンを塗るだけ。そのとき、左足の指は5本ともポロポロと落ちたそうです。

　藤原さんが「みんなとは違う」と気づいたのは6歳の頃でした。夜遅く銭湯へ行ったとき、小さな子が藤原さんを指差して「あの子の足、変な形して気持ち悪い」と言いました。その子の母親は「悪いことをしたら、あんなんになるんやで」と答えたのです。藤原さんは「私は何も悪いことしてへん。悪いのは戦争や」と心の中で叫んだそうです。

　中学2年のとき、大腿部から下を切断する手術を受け、義足をつけました。でも、義足がすれて毎日のように痛みが襲います。

「あの空襲のときに死んでいたら、こんな悲しい思いや、いろんなことで悩むこともなかったのに、と何度、思ったことでしょう。戦争さえなかったら自分の足で走れたのに、階段もスタスタと昇り降りできたのに、すてきな洋服を着て、ハイヒールやサンダルも履けたのに……。私は、生まれて一度も自分の足で歩いたことがありません。自分の足で歩きたいです。温泉にも入ったことがありません。義足をはずすと一本足になります。ケンケンでは脱衣所から湯船まで行くこともできないからです。温泉にも入れない自分がつらく悲しいです」

　目頭をぬぐったあと、藤原さんは提訴した理由について力強く語りました。

「私は、子どもや孫のためにも泣き寝入りしてはいけないと思っています。あの戦争を風化させないために、また、これからの子どもたちの平和のために、この裁判をしようと決意したのです」

兵庫県西宮市の小林英子さん（77）は、45年6月7日の第3次大阪大空襲で、焼夷弾の破片を右足に受け、ひざがザクロのように割れました。足がブラブラになり、逃げることもできなくなり、もうダメかもと死を覚悟したとき、煙の中から一人の男性が現われました。その腕にしがみついて「連れて行ってー！」と叫ぶと、小林さんを背負ってくれたそうです。

その後、病院で手術を受けましたが、麻酔薬もありません。小林さんは死ぬほどの痛みに耐えきれず、大声で泣きわめき、気を失ったそうです。

小林英子さん

大阪市都島区の自宅が全焼したことで、治療費にも困窮し病院へ通えなくなりました。小林さんは当時12歳。女学校の1年生でした。

09年7月27日に行われた第3回口頭弁論で、小林さんは空襲によって就学の機会を奪われたつらさを語りました。

「いつも一人で窓の外を眺めては、みんな学校へ行って勉強したり、運動場で走り回ったりしているのだろうと想像していました。私も学校に行きたい、どうしてこんなケガをしたのだろうと涙に明け暮れていました。結局、女学校には2ヵ月通っただけで、その後、戻ることはできませんでした」

当時を思い出して描いた絵

28歳のとき、足が外側に曲がっているのをまっすぐにするため、4度目の手術を受けました。足の骨を一度切断して腰の骨を切り取って埋め込みましたが、膝はやはり曲がることはありませんでした。

「戦争でこのような障害が残ったにもかかわらず、国からは何の補償もないのが許せませんでした。成長期に満足に食べることも、治療を受けられなかったことで、虚弱体質になり、裁縫の仕事を続けたくても続けられなかったのが悔しかったです。戦後、治療費や入院費を出してくれたり、働けなくなったときに救済してくれたり、何らかの補償をしてもらえれば、私の人生はもっと変わったのだと思います。足の障害を負ったまま仕事をして、子どもを育てて生活することは大変で、本当につらかったです」

大阪狭山市の浜田栄次郎さん（81）は45年3月13日から始まった第1次大阪大空襲で被災しました。大阪市大正区南恩加島《おかじま》町の自宅前に掘っていた防空壕へ飛び込む瞬間、焼夷弾が落下。直撃は免れたものの、火だるまになったのです。当時15歳、旧制中学の3年生でした。

顔、両手、両足と、服から露出していたところはほとんど焼け爛れました。何度か大腿部からの植皮手術を受けましたが、うまくいきません。9ヵ月後に退院したあとも、顔や両手足などにケロイドが残り、特に右手の指先は曲がったままでした。

戦後、両親が相次いで亡くなり、家業である麻袋の回収・修理も斜陽産業へとなって、生計が維持できなくなったそうです。大型トラック運転手の求人募集を見て大型免許を取得しましたが、どこも浜田さんの右手を見て「これでは荷物も持てない」と雇ってくれませんでした。

浜田さんは、大型トラックを購入して運送業を始めたり、自宅を売って店舗つきの住宅を購入しパン屋を開いたりするなど、職を転々としたそうです。

「収入が安定していなかったために、高校生だった次女を進学させてやることができませんでした。自分の体の障害のせいで、子どもたちに迷惑はかけられないとの思いから、働きづくめの毎日でしたが、それでも、親として十分なことができませんでした。これ

浜田栄次郎さん

は、親である私にとって痛恨の極みであり、今も悔いが残ります」

10年2月24日の第6口頭弁論。陳述する浜田さんの声は悔しさで震えていました。

その後、浜田さんはタクシー運転手となり、72歳までハンドルを握り続けたのです。

「戦後60年以上、私は人が集まるところに出るのが苦手でした」と語り、浜田さんはこう訴えました。

「電車に乗ったとき、人から好奇の目で見られるのが嫌で、右手は隠して乗っていました。ひざに手をのせて座ると、向かいの座席の人が私の右手を見て、たちまち驚いた表情をしたり、ひそひそ話したりすることもありました。このように周囲から好奇の目で見られるのが、私にとってはたまらないほど辛いことでした。まるで、私が世間のさらし者になっているような思いをずっと抱き続けて、私はこれまでの人生を生きてきました。空襲によって私が受けた傷は、体にも、心にも、いまだにずっと残ったままです。私自身、残り少ない人生をかけて、国に謝罪を求めていく決意です」

浜田さんのまなざしは、まっすぐ裁判長に向けられていました。

戦災孤児

空襲で家族を失い、戦災孤児になった原告も心に大きな傷を受けています。喪失感、孤独感に苛まれ、引き取ってもらった親戚宅で肩身の狭い思いをして生きていかねばならなかったのです。

大阪府田尻町の美容師、吉田栄子《はえこ》さん（76）もその一人です。

吉田さんは、１９４５年3月13日深夜からの第1次大阪大空襲で両親、2人の姉、6歳の弟、同居していた叔父一家ら9人を亡くしました。当時10歳、国民学校（いまの小学校）の4年生だった吉田さんは、大阪府岬町淡輪にある父方の親戚の家へ縁故疎開していたため難を逃れたのです。

家族の安否を確かめるため、吉田さんは叔父と大阪市浪速区（現中央区）河原町《かわはらちょう》の自宅へ向かいました。市内は一面焼け野原。吉田さんの家も、軍艦を拭く「バフ」を生産していた工場も全焼しており、家族の姿も見当たりません。

手がかりを求めて恵美須国民学校へ行くと、校庭にはたくさんの遺体が並べられていました。

「遺体の顔を隠すようにトタン板が被せてありました。一つひとつ確認していくと、見覚えのあるくつ下をはいている足を見つけました。姉の初子（享年20）でした。変わりはてた姿を見て、悲しいというより現実に何が起こったのかわからないような状態で、その場で呆然としていました」

吉田栄子さん

両親や弟、叔父夫婦らの遺体が焼け落ちた喫茶店から見つかったのは数日後のこと。逃げる途中、道の両側の建物が焼け落ちて進行方向をふさがれ、近くの喫茶店へ逃げ込んだところ、そこも焼け落ちて炎に巻き込まれたということでした。

09年10月14日の第4回口頭弁論で、吉田さんは「家族たちは空襲の被害に遭って無念の思いで死んでいったのだろうと思うと、本当に悔しくてなりません。もう家族に会えないと思うと悲しくて、今後どうやって生きていけばいいのか不安でたまりませんでした」

吉田さん一家（前列の真ん中が吉田さん）

と、その当時の心境を語りました。

帰るべき家や財産を失い、大切な家族を9人も亡くした吉田さんは戦後、親戚宅を転々としました。中学2年のとき、母の弟の家に引き取られました。自宅で美容院を経営していた叔母に4人目の子どもが生まれてからは、子守をしながら家事までこなすようになったそうです。

井戸から30回も汲んできた水を湯船に入れ、薪で風呂を焚きます。家族全員が入り終わるまで、火を絶やさぬようずっと見守っていなければなりませんでした。洗濯や繕い、細かい雑務もあり、勉強するどころではなかったのです。

「戦災孤児の中でも親戚が引き取って育ててくださったのですから、感謝しなければなりません。でも、やはり守ってくれる父母がいないので、そこでの生活はいずれも居づらく、気を使うばかりでした。父母や兄弟たちと一緒に生活ができていれば、どれだけ精神的に安らぐ生活ができただろう、私もまったく別の人生を歩むことができただろうにと思うと、残念でなりません。国には、空襲被災者に対して何ら支援をしてこなかったことに対してきちんと謝罪をしてほしいと思います」

法廷のあちこちで、すすり泣く声が聞こえました。

東大阪市の中本清子さん（72）は、45年6月7日の第3次大阪大空襲で大阪市都島区中宮町（現内代町《うちんだい》）の家が全焼しました。箸一膳にいたるまで形あるものはすべて丸焼けでした。当時6歳、高倉国民学校の1年生でした。

中本さんをはじめ、9歳、15歳の女の子3人を抱え、母親は焼け残った家を借りて暮らしを立て直そうとしましたが、働くところがありません。父親は出征していて生死も定かではなかったのです。

中本清子さん

空襲で被災したあと、一家4人は大阪から愛媛、岩手、再び大阪に戻ったあと、山口へと親戚の家を転々としました。

やがて、母親は3人の娘を親戚にあずけて大阪へ女中奉公に行き、住み込みで朝から夜まで懸命に働いたそうです。

戦後しばらくして、父親が復員しましたが、軍隊での過酷な経験と敗戦のショックから精神を病んでいました。夜中に突然、「ただいま帰還しました!」と叫ぶこともしばしばで、まともに働くことができず、アルコール中毒になったのです。

母親が栄養失調と過労から亡くなったのは終戦から4年後、中本さんが小学5年生のときでした。

姉妹3人は一時的に神戸の父親のもとで暮らしましたが、やがて逃げるように各自バラバラになってしまいました。中本さんは叔父夫婦の養女となり、3人の姉妹が再会するのは30年近くたってからです。

09年12月7日に開かれた第5回口頭弁論。意見陳述に立った中本さんは声を震わせながら、「あの戦争と空襲によって何もかもなくした者が、どんな悲惨な人生を歩まなければならなかったかということを知ってもらいたいです」と訴えました。

「私たち家族はあの空襲ですべての財産を失いました。家族もバラバラになってしまいました。真面目だった父もあの戦争で廃人同様になり、苦しみの中で自らの命を絶ちました。母は戦後まだ幼い私たちのために限界まで働き、栄養失調と過労で死んでしまいました。その後の生活は、本当に惨めなものでした。食べるものもなく、お風呂にも満足に入れず、親戚の人たちの目に遠慮しつつ、隠れるように生きてきたのです。みんな同じように戦争で大変な目に遭っているのに、どうして旧軍人・軍属は救済され、私たち空襲被災者についてはなぜ、戦後一貫して何ら補償もないのでしょうか。空襲被災者である私たちも、同じように戦争の被害者です。それがどうしてここまで私たちだけが差別されなければならないのでしょうか」

心に癒えることのない傷を抱える中本さんの目には、うっすら光るものがありました。

第２章　避けられた空襲被害

避難を禁じた防空法

法廷にしつらえたスクリーンに、大阪大空襲の惨状を伝える写真や当時の新聞記事などが次々に映し出されていきました。

「国は、国民に対して『空襲からの退去方法』や『生命の守り方』を周知せず、空襲の危険性や焼夷弾の破壊力についての正しい知識を与えず、強度の防空義務・消火義務を課しました。国民が空襲から逃げることを、罰則をもって禁止したのです。このことが、原告らの空襲被害を拡大・深刻化させる重要な要因となりました」

２００９年6月3日の第2回口頭弁論。大前治弁護士が、パワーポイントを使って解説を加えていきます。

「戦時中の日本政府は、国民に対して防空義務を負わせる『国民防空』の施策を採用しました。国民の生命や財産を守ろうとするものではなく、それらを犠牲にしてでも、都市および軍事拠点や生産基盤の防衛に国民を従事させるというものです」

国民に防空の義務を課す「防空法」が制定されたのは１９３７年。その4年後の41年11月に改正され、「空襲時の退去禁止」が規定されました。

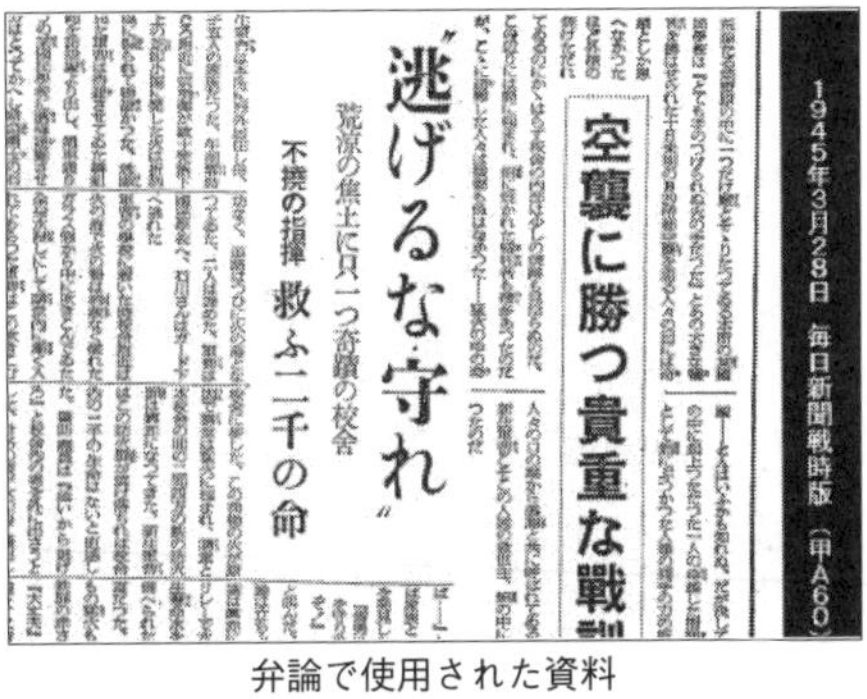

1945年3月28日　毎日新聞戦時版　（甲A60）

空襲に勝つ貴重な戦

〝逃げるな・守れ〟

荒涼の焦土に只一つ奇蹟の校舎

不撓の指揮　救ふ二千の命

弁論で使用された資料

11月18日付の朝日新聞は、〈働ける隣組員の都市退去を禁止〉という見出しと共に、改正された防空法の内容を伝えています。

「『働ける隣組員』といいますが、全家庭・全市民が隣組に属しているのですから、要するに『働ける市民全員』が都市からの退去を禁止されたことになります。防空法施行令により、退去禁止の例外は乳幼児・妊産婦や防空義務に従事できない老人のみとされました。新聞もそのことを伝え、〈たとひ六十歳前後の老人でも働き得る者は残らねばならない〉と報道しています。この方針は、空襲が激化する戦争末期まで根本的に変更されることはありませんでした」

違反者には、1年以下の懲役または1000円以下の罰則が科せられていました（19条）。教員の初任給が55円だった時代に、です。

さらに、空襲のとき、建物の管理者・所有者・居住者などに応急の消火活動が義務付けられていました。たまたま、現場付近にいた人でも消火活動に協力しなければならず、違反した者には500円以下の罰金が科せられていたのです（19条の3）。

このほかにも、国が国民に対して建物の除去、建築禁止、移転、強制収用、その他の「防空上必要なる措置」を命ずることができると定められていました。

「消せば消せる焼夷弾」「退くな、逃げるな、必死で消火！」など戦意を発揚する当時の標語もスクリーンに映し出されました。

「いや応なしに空襲の最前線に立たされた一般市民は、生命の重大な危険性に直面していたという点で、軍人・軍属と同様だったのです」

廷内は静まり返っていました。

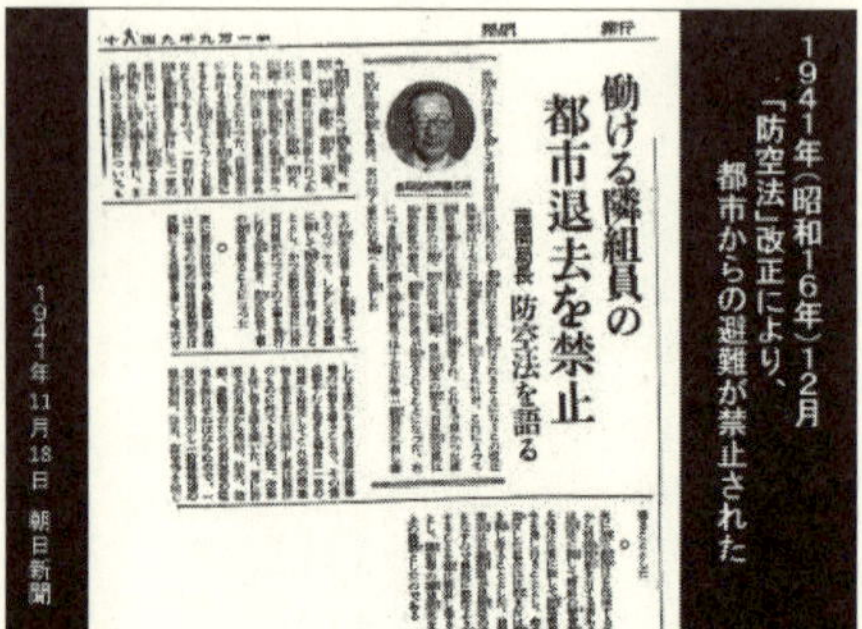

弁論で使用された資料

戦時下の日本で一般国民に課せられた防空義務は、逃げることなく危険な消火活動を行うこと。まさに、

「防空戦士」としての命がけの「任務」だったのです。

大阪府吹田市の原告、森永常博さん（78）は、第1次大阪大空襲で父親を亡くしました。

「女・子どもは危ないから、逃げなさい。私は男だから大丈夫。常博をくれぐれも頼む」――。そう言って、消火活動に向かったそうです。

当時、一家は大阪市西成区に住んでおり、鉄工所勤務の父と母、それに母の妹の4人で暮らしていました。森永さんは12歳で国民学校6年生。翌14日の卒業式を控え、集団疎開から帰って1週間後のことでした。

森永常博さん

空襲警報が鳴り、森永さんら家族は自宅の裏庭に掘った防空壕に避難しました。焼夷弾の火の固まりが数発、森永さんの家と隣の家に落ちたため、隣組の人たちがバケツリレーをしながら火を消し始めました。防空壕から出た父親は、森永さんら3人を避難させたあと、消火活動に加わったのです。

避難しての帰り道、森永さんが見たのは一面の焼け

防空演習（南区坂町）　1942年　（提供：ピースおおさか）

野原で、ところどころ煙がくすぶっていました。今宮工業学校前まで戻ってくると、自宅周辺へ入れないよう縄が張られており、母親が「家を見てくるからここで待っててや」と、まだ余燼のくすぶっている自宅の方へ向かいました。なかなか戻ってこないので探しに行こうとしたとき、憔悴し切った母が戻ってきて、「お父さんが死んだー」。

森永さんが自宅へ行くと全焼しており、父親は道路に寝かされていました。

「昨夜、別れたときの鉄兜にゲートル姿のままで、まるで眠っているかのようでした。隣組の防空壕へ逃げ込み、窒息死したそうです。引き出されたばかりだったので、赤ら顔で口を閉じ、まだ温かかったのを覚えています」

森永さんは声を詰まらせ、振り絞るような声で続けました。

「叔母が両手で懸命に腹を押さえて人工呼吸を繰り返すと、父の腹が膨れ上がってきて、父の口と鼻から血が滲み出てきたのです。あとで叔母は、『あの血は肉親だけに見せる父からの別れの最後の挨拶だ』と教えてくれました」

遺体は長橋国民学校の2階へ運ばれました。鉄筋の校舎が残っており、机を並べてその上に安置されたのです。

「母は、逃げるときに自分が被っていた絹の布団を父の遺体にかけ、『お父さん！』とはじめて嗚咽しました」

大黒柱を失い、家も財産もなくしたため、生活は困窮しました。

あのとき家族で一緒に逃げていたら父は助かっていたかも……。森永さんは、今でもそう思っています。

大阪府寝屋川市の原告、谷口佳津枝さん（73）も命がけの「任務」に母を奪われました。

「今夜の空襲は大きいらしいわ。お母ちゃんは家を守らなあかんから、お姉ちゃんと2人でお逃げ」——。

谷口さんは、45年3月13日の夜に母が残した最後の言葉が今でも忘れられません。

当時、谷口さんは7歳で国民学校の1年生。大阪市

谷口佳津枝さん

南区（現中央区）高津《こうず》で、母、5人きょうだい（兄2人、姉2人）の6人家族で暮らしていました。印刷業を営んでいた父親は、谷口さんが2歳のときに病死。母と長兄が家業を継ぎましたが、終戦の前年に3台あった印刷機を供出させられ、廃業してしまいました。

「いつもは厳しい母でしたが、その日はなぜか優しかったのを覚えています。姉に手を引かれながら後ろを振り返ると、家の前で母が見送ってくれていました。それが最後の母の姿でした」

激しい爆撃で街は燃え、道路も火の海となっていました。逃げ惑い、泣き叫ぶ声がいたるところで聞こえ、生玉神社の本殿も炎に包まれていたそうです。

避難先の国民学校は避難民でごった返していました。食べる物といえば乾パンと水だけ。3日目に小さなおにぎりが配られましたが、谷口さんは姉と2人で飢えと寒さに震えていました。

1週間後、訪ねて来たのは母ではなく、母の姉でした。

「5人も子どもがいるのに、今まで迎えに来ないということは死んだんやな」と、伯母はため息をこぼしたそうです。

空襲によって廃墟となった高津国民学校の雨天練習場で、谷口さんは母と長兄と無言の対面をはたしました。2人は防空壕の中で窒息死していたのです。遺体を前にして、谷口さんの膝はがくがくと震えていました。

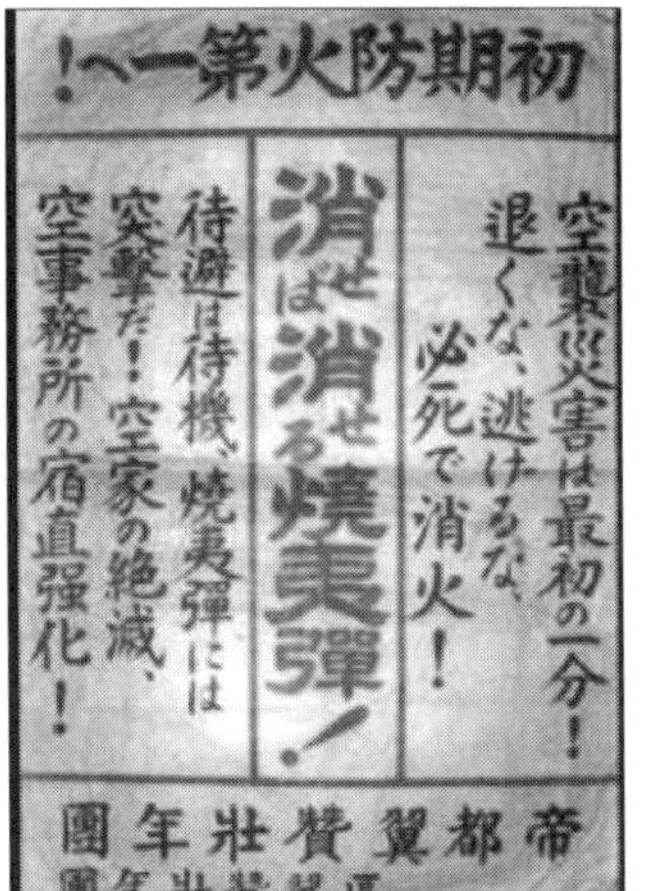

東京都内で掲示されたポスター
1944年

孤児になった谷口さんはきょうだいと分かれ、親戚の家を転々とすることになったのです。

「戦争とはいえ、親を亡くした子どもほどみじめなものはありません。ただただ耐えるだけでした。母も一緒に逃げていたら、と思わなかった日はありません……」

家を守らねばならない――。母が残した言葉の意味を谷口さんが理解するのは、それから65年という歳月がたってからでした。

防空壕は待避所

2010年最後の法廷となった5月26日の第7回口頭弁論。大法廷の100席近い傍聴席は、いつものように支援者らで満席でした。

この日、意見陳述したのは兵庫県芦屋市の永井佳子さん(79)。09年9月18日の2次提訴で原告になった一人です。

永井さんは1945年6月1日の午前中に大阪を襲った第2次大阪大空襲で被災しました。当時14歳、女学校の2年生でした。

1時間目に荷物を持って講堂へ入ったとたん警戒警報が鳴り、すぐに空襲警報に変わりました。永井さんは防空頭巾をかぶり、級友たちと校庭の防空壕へ入りました。

防空壕といっても、縦5㍍、横2㍍、深さ1・3㍍ほどの穴を掘り、天井に板を張って土をかぶせただけ。出入り口は2ヵ所。20人も入ればいっぱいで、外から見れば、細長い小山がずらっと並んでいるような粗末なものでした。

防空壕の中で土砂降りのような音を聞いたかと思うと、ガガガと地揺れがして、燃えた焼夷弾が天井の板を突き破って落ちてきたのです。すぐにさく裂、炎上し、狭い防空壕の中は真っ赤な炎に包まれました。永井さんの制服にも引火し、燃え上がりました。

「ここにいたら死ぬ。出ないといけない」と、近くの出口を見ましたが、すでに崩れて塞がっています。反対側の出口へ向かい、なんとか外へ出ることができました。

脱出が遅れた者ほど重傷を負い、炎上した出入り口に近かった3人の友人は炎に包まれ、一人は黒こげとなり、一人は窒息死、もう一人はショック死していました。

外も火の海でした。意識もうろうとなりながら人波に流されるまま逃げ惑っていたら、警防団の男性が「えらい傷してるやん。こっちおいで」と医者へ連れて行ってくれました。背後からの炎で、さらに背中や足などに大やけどを負っていたのです。

永井佳子さん

意識を失い、気がつくと大きな病院のベッドの上でした。

顔や身体はガーゼや包帯でグルグル巻きの状態で、駆けつけた母親は、医師から「今夜がヤマ場です」と告げられました。母親は「このひどいやけどでは結婚もできないだろう。いっそこのまま死んだ方がいいのでは……」とまで思ったそうです。

永井さんは奇跡的に命を取り留めたものの、歩くことも口を開けることもできません。大阪市此花区の自宅も焼失したため、親戚を頼って転居を重ね、父親が会社ごと疎開していた丹波の山奥で終戦を迎えました。

全身大やけどを負った永井さんは、体中にケロイドが残り、戦争が終わってからも差別に苦しめられました。

「銭湯へ行くと、『あの子、皮膚病やから近くに寄ったらアカンで』『お風呂屋さんあんな病気の子、早い時間帯に入れんといて、しまい湯に入るようにしてや』などという心ない言葉には深く傷つきました。電車に乗っていると、私の手の甲にあるケロイドを見た人が席を立って行ってしまったこともあります。以来、夏の暑い日にもずっと長袖の服しか着たことがなく、スカートもはいたことがありませんでした」

粗末な防空壕を作らせた者は誰なのか。自分たち生徒の誘導よりも、講堂の消火を優先した学校側の無責任さに対しても悔しさを募らせてきました。

「やけどを負ったこと、戦争のことなどについては、長い間、貝になったつもりで何もしゃべらないようにしてきました」という永井さん。自らの体験と向き合うきっかけとなったのは１９９１年の湾岸戦争でした。

「テレビで中継されている空爆の模様を見ていた男の子が『かっこいい』と言ったのです。花火のように見えるその火の下で、どれほど恐ろしいことが起こっているか、この子は知らないのです。こんな子が何も知らずに大きくなったとき、また『かっこいい戦争』を始めたら大変だと思うようになりました。そのためには、あの空襲で何が起きたのかをきちんと伝えたいと思い、この訴訟に参加することにしました」

自分の息子ほどの裁判長に向かい、永井さんは落ち着いた口調で提訴の理由を語りました。

本来は命を守る場所のはずの防空壕で大やけどを負ったのは、永井さんだけではありません。原告の藤原まり子さんや２０１０年3月に亡くなった小見山重吉さんも防空壕に逃げ込んだのに、簡単に焼夷弾の直撃を受けて炎に包まれてしまいました。なぜでしょうか。

太平洋戦争が始まる3年前の１９３８年10月、内務省計画局が発行した「国民防空の栞（しおり）」に、次のような記載があります。

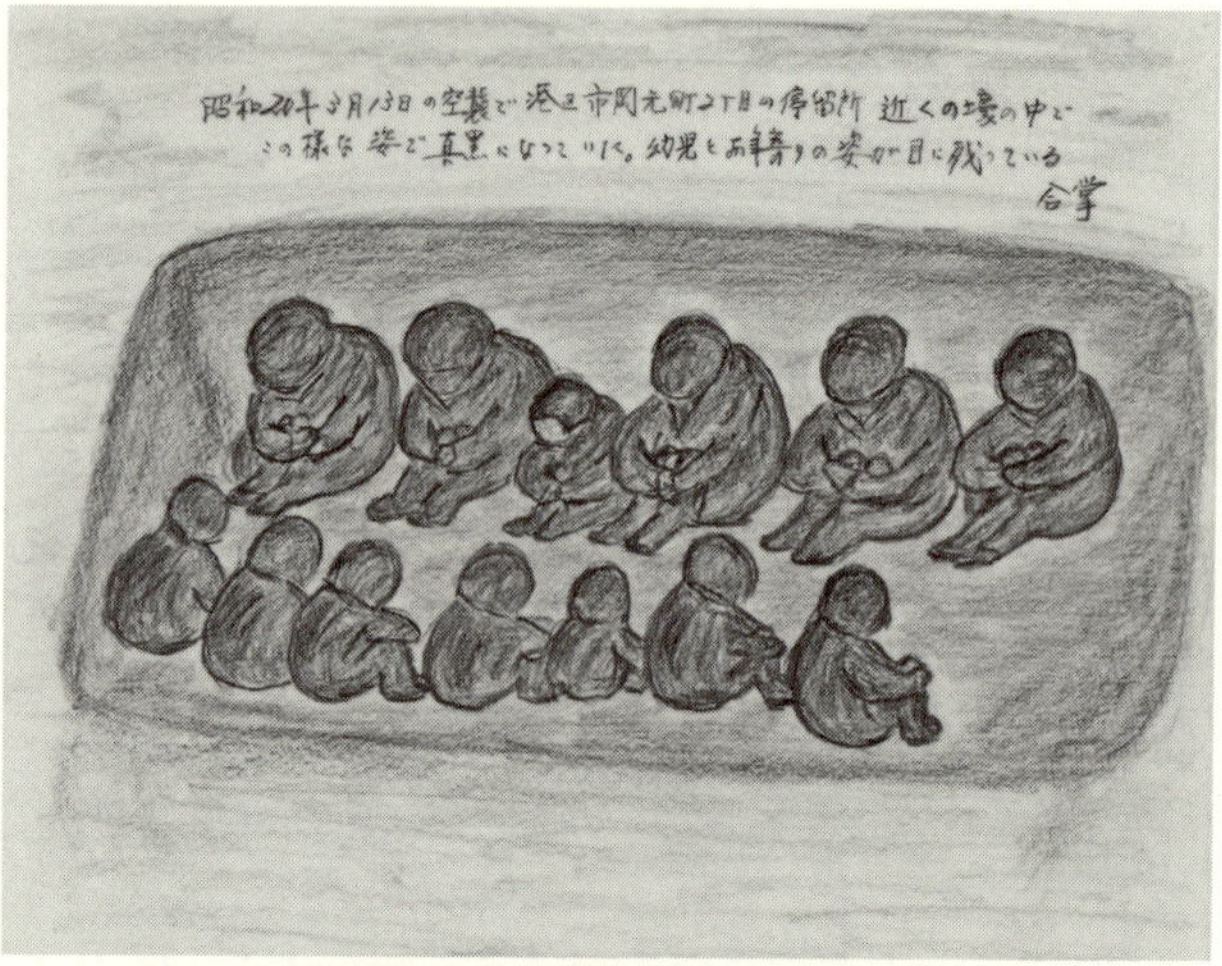

防空壕の中で真っ黒になっていた人々
（京都府相楽郡精華町　山下君江さん画　提供：ピースおおさか）

小見山重吉さん

〈木造家屋は破壊爆弾に対してはまったく無抵抗であるから空地に壕を掘り空襲時に備える必要がある〉「家庭用防空壕の一例」として、〈防空壕は庭または空地に湿地を避けて作ること〉とか、〈防空壕の各材は釘、鉄、鉄線、方丈などで堅固とすること〉などの記述があり、当時は爆弾に耐える堅固な防空壕を推進していたことがわかります。

　ところが、41年9月に内務省が発行した広報誌『週報』256号の中では、政府はそれまでの防空壕政策を一変させているのです。

「防空壕はなぜ造るのか」について、〈わが国の防空壕は、積極的に防空活動をするための待避所であって、敵の飛行機が飛び去って終わるまで入っている消極的な避難所ではありません〉とあり、〈爆弾が落とされた場合一時その破片を避け、次の瞬間には壕を飛び出して勇敢に焼夷弾防火に突進しようというためのものです〉と記載しているのです。

　待避とは、軍隊用語で戦闘行動の1つで、避難とは違います。

　42年8月、内務省防空局が発表した「防空待避所の作り方」には、こういう記述がありました。

〈一般には家の中に作った方が、雨水の流入の虞れがなく、夜間や厳寒時の使用を考えてみても一層便利であると思ひます。なほまた外にいるよりも家の中にいる方が、自家に落下する焼夷弾がよく分かり、応急防火のための出動も容易であると考へます〉

　しかし実際には、空襲で家が焼け落ちてガレキの重みで外へ出ることができず、多くの人がその中で、煙に巻かれたり、蒸し焼きになったりして死んだのです。

　大阪府吹田市の原告、渡辺美智子さん（81）は、母親と弟を亡くしました。

　45年6月1日の第2次大阪大空襲。当時15歳で、女

渡辺美智子さん

学校の4年生だった渡辺さんは、学徒動員として東淀川区淡路の軍需工場で落下傘を縫い合わせる作業をしていました。

空襲警報が解除され、大阪市東区（現中央区）玉造町の自宅を目指しましたが、一面焼け野原になっていました。病気で入院していた父を病院に訪ね、後日、家へ戻ると、住みなれたわが家は跡形もなく焼け落ちており、自宅に作った防空壕の中で2人の遺体を見つけたのです。

「何で逃げられなかったのかなあ……」

近所の人たちに手伝ってもらって、黒焦げになった2人の遺体を荼毘に付しながら、渡辺さんは悲しみと共に悔しさが込み上げてきたそうです。

逆に、とっさの判断で防空壕から飛び出し九死に一生を得たケースもあります。

東大阪市の原告、吉貞駒次郎さん（79）は、第1次大阪大空襲で被災しました。

当時13歳、大阪市内で両親と2歳の弟との4人家族でした。

深夜、空襲警報が発令され、吉貞さんら家族は、自宅の床下に作っていた防空壕へ入りました。やがて、爆弾や焼夷弾が投下される爆音と振動が鳴り響き、防空壕の中にも熱風が入ってきたそうです。

「ここにいては死んでしまう。出よう」。父のとっさの判断で防空壕から出ると、自宅は火が燃え広がっていました。現金や預金などを持ち出す余裕もありませんでした。

半日後に自宅へ戻ると、防空壕の上に真っ黒の灰とがれきが覆いかぶさっていたそうです。

09年6月3日の第2回口頭弁論で、大前治弁護士は「空襲時に長時間にわたり滞在できる安全な防空壕を作ってしまうと、外で消火活動する者がいなくなるので、このように『すぐ飛び出せる待避所』、より正確に言えば『危険だから、すぐに飛び出さざるを得なくなる待避所』の設置を推奨・義務付けすることが国

大前治弁護士

家の方針とされたのです」と述べ、こう指摘しました。

「丈夫な防空壕を設置する必要性を強調することは、空襲の危険性を印象付けて恐怖心を流布することになってしまいます。そのため、『空襲は怖くない』という宣伝とあわせて、『待避所は簡易なもので十分』という宣伝がなされたのです」

「空襲は怖くない」

「空襲は怖くない」という宣伝に一役買ったのが『時局防空必携』という冊子です。

防空義務を国民に徹底させるため、日本政府は手の平サイズ（B7判）の手引書を400万部作成し、都市部の全家庭へ配布しました。発行日は1941年12月10日、真珠湾攻撃からわずか2日後のことでした。

この手引書を家庭に一冊備えること。家庭で繰り返し読み合って理解を深め、「ここに書いてある通りの準備を整え訓練をやって防空必勝の信念をかためておく」ことを命じています。

「空襲判断」「軍防空と民防空との関係」「民防空」「学校、工場及病院産院の防空」「空襲下の日常生活」の5つの章に分かれ、第1章では「空襲は必ず受ける」とした上で、空襲の敵機の数と回数についてこう記しています。

〈大都市では昼間なら1回20、30機、夜なら10機、中小都市では戦争の一段階を通じて数回、多くとも10

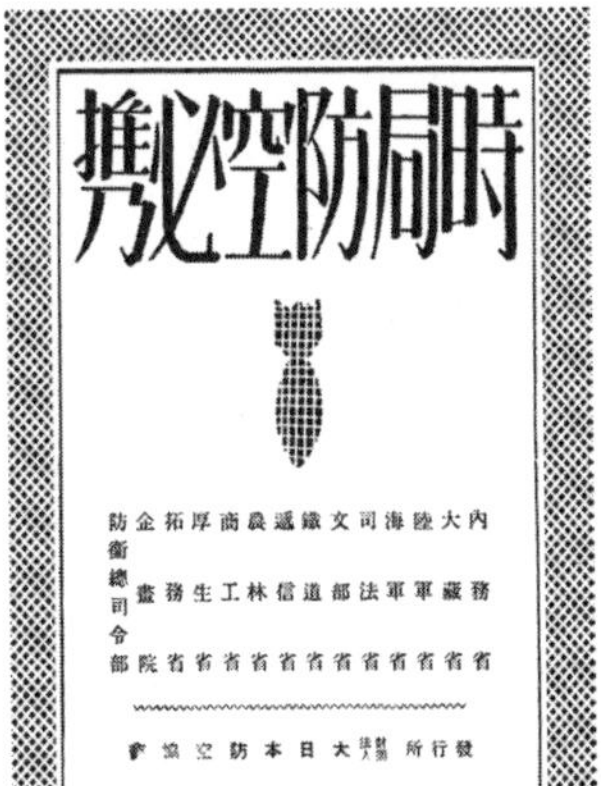

各省と企画院防衛総司令部が発行した『時局防空必携』

回くらいの空襲を受けるものと思えばよい〉

大阪の場合、空襲は50回を超えています。なかでも、第1次大空襲で襲来したB29は274機。第2次大空襲ではB29だけで458機が襲来しています。ここに書かれていることがいかに現実離れした内容であったかわかります。

空襲の実害についても、〈弾はめったに目的物にはあたらない。爆弾、焼夷弾にあたって死傷する者は極めて少ない〉とあり、「焼夷弾が落ちてきたら」という項目ではこう記述されています。

1、防空従事者はなるべく被服を水で濡らし防火にあたると同時に、大声で近隣にしらせる。

2、防火のやり方は直ちに周囲の燃えやすい物に水をかけると同時に、濡れむしろ類、砂、土などを直接、焼夷弾にかぶせ、その上に水をかけ火炎を押さえ延焼を防ぐ。

3、エレクトロン焼夷弾の火勢が衰えたるものは屋外に運び出す。黄燐焼夷弾が飛び散って柱やふすまなどに付いた時は速やかに火たたきなどで叩き落して消火する。

焼夷弾の中でもM69油脂焼夷弾は、米軍が広範囲に火災を発生させることを目標に開発した兵器です。直径8センチ、全長50センチ、鋼鉄製の筒状で、中には「ナパーム剤」と呼ばれるゼリー状のガソリンが入っていました。屋根などに落下すると5秒以内にナパームに火がつき、その熱で筒が吹き飛ばされ、四方にナパームを撒き散らして延焼させたのです。

850度以上という高熱で粘着性があり、竹の棒の先に縄を10本ほど取り付けた大きな埃はたきのような「火たたき」はまったく役に立ちませんでした。

焼夷弾の直撃を受け、全身火だるまになった小見山重吉さんは生前、「必死で服や頭巾の火を払いのけても、焼夷弾の火はねっとりとへばりついて、なかなか消えなかった」と語っています。

また、45年3月10日の東京大空襲当時、東京市長だった大久保留次郎氏は戦後、次のように述べています。

「バケツと火たたきでする隣組の防空演習なんて、まつたく幼稚でお話にならん。……バケツと火たたきでする消火なんて、家一戸が焼ける場合を対象とした戦術で、何千戸も焼かれる場合には何の役にも立たなかつた。これを考えると、当時の軍は一体何をやっていたか憤慨に耐えない。軍、特に陸軍が当時は防空を指導していたんだが、軍は飛行機の発達、電波兵器の発達等々について、何の研究もしていなかつたのだ。向うは日本の隅々まで知りつくしているのに、日本は相手の情勢、世界の現状を何一つ知らずに戦争をしていたのだ。これぢや負けるのも当然だと思う。そのくせ軍は偉張つてばかり居た」（大越一二編『東京大空襲時における消防隊の活躍』警察消防通信社　１９５７年）。

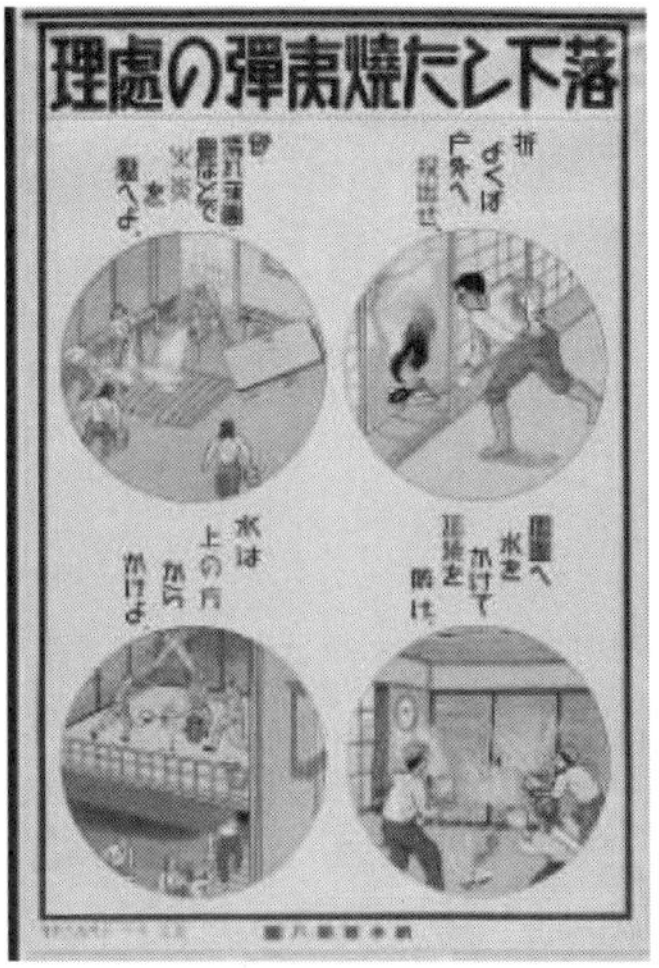

東部・中部・西部防衛司令部監修
「防空図解」（ポスター）

さらに『時局防空必携』は、焼夷弾攻撃で火災になったらどうするかについて、こう手引きしています。

１、被服を水に濡らして消火にあたる。

２、燃えているところにどんどん水をかける。

３、隣家が火炎をかぶっている時は、バケツ、水ひしゃく、水道ホースなどでその場所に水をかける。

熱気を受けて建物の外側から水蒸気を発散している時は、火を発しやすい庇下（ひさしした）、妻などに注意して、バケツ、水ひしゃく、水道ホースなどで水をかける。

４、風下では飛び火の警戒をする。

飛び火の警戒には水で濡らした火たたきで飛び火を叩き消すか、バケツ、水ひしゃくなどで水をかける。

５、警防団や消防隊が駆けつけて来たら、その指図に従って消防の補助にあたる。

何とも悠長な話です。しかもどこを探しても、「避難せよ」という文字は出てきません。

いかにも的外れと言うか、国民の命のことなど考えていない内容です。

第3「民防空」の「防空精神」の欄では、〈いかに物の準備があっても魂がしっかりしていないと役には立たない。特に防空のためには、老人も子どもも男も女もすべての国民が次の心構え（防空精神）を持たねばならない〉と述べ、こう訓示しています。

1、全国民が「国土防衛の戦士である」との責任と名誉とを十分自覚すること。

2、お互いに助け合い、力をあわせ、命を投げ出して御国を守ること。

3、必勝の信念をもっておのおの持ち場を守ること。

国民は空襲の怖さ、焼夷弾の恐ろしさを知らされないまま、空襲にさらされることになったのです。

こうした事実を提示したうえで、大前弁護士は「原告らが受けた空襲被害は、決して回避しえなかった偶然の災害ではなく、政府が選択した政策の必然の結果として生じたものだ」と説明し、「政府は民間の戦災者を救済すべき作為義務を負っている」と訴えました。

太平洋戦争末期、大阪や東京をはじめ、空襲による国内の犠牲者は50万人を超えます。ここまで被害を拡大させたのは、国民の命を軽視した防空政策によるものだったと言っても過言ではありません。

空襲は避けられた

２００９年6月3日の第2回口頭弁論で、弁護団事務局長の高木吉朗弁護士が「避けられたはずの空襲を政府自らが引き寄せた」と述べ、３つのターニングポイントがあったと指摘しました。

① 日米の国力の差を無視して、無謀な太平洋戦争の開戦に踏み切ったこと。

② １９４４年夏にマリアナ諸島が陥落し、米軍の手に落ちた結果、本土空襲の危険が現実化したこと。

③ 東京をはじめ全国各地で空襲が始まる直前の45

年2月、近衛文麿元首相が昭和天皇に戦争終結を上奏したにもかかわらず、結局戦争継続の方針が採られたこと。

まず、太平洋戦争の開戦について、高木弁護士は「当時の日本とアメリカの軍事物資の生産力を比較すると、平均して76・7倍の差があり、もっとも重要な石油にいたっては５２７・９倍もの差があったのです。これでは、まともな戦争などできるはずがありません。この数字から分かるように、当時の日本には、はじめからアメリカと戦争する力などありませんでした」と述べました。

高木吉朗弁護士

では、②のマリアナ諸島の陥落の持つ意味は何だったのでしょうか。

それまでの米軍による本土空爆は、できる限り米空母を日本に近づけ、そこからＢ25を発進させ、爆弾を投下させるというものでした。

日本本土が初めて空襲を受けたのは42年4月18日のこと。日本近海の米空母から16機のＢ25爆撃機が東京、川崎、横須賀、名古屋、神戸を爆撃し、一般市民50人が死亡、４００人が重軽傷を負ったのです。Ｂ25は最長航続距離が短いため、再び空母へ帰還することはできず、そのまま中国の基地へ向かいました。

マリアナ諸島から日本までの距離は２４００キロ。往復すると４８００キロほどになります。その頃、米軍は「超空の要塞（スーパーフォートレス）」と呼ばれる超大型で、最新鋭の長距離戦略爆撃機Ｂ29を開発、マリアナ諸島に配備しました。航続距離はＢ25の倍の５２３０キロ。要するに、マリアナ諸島の陥落は、日本本土が完全に米軍の空襲攻撃の射程範囲に入ったことを意味していたのです。

最後の近衛文麿元首相の上奏文は「敗戦は必至であ

り、今必要なことは戦争推進派を一掃して速やかに戦争終結の方法を考えるべきこと」という内容でした。

しかし、昭和天皇は戦争推進派の意見に押され、近衛の意見は受け入れられませんでした。

高木弁護士は「もし、この時点で休戦が実現していれば、その後に展開されることになる全国各地での度重なる執拗な空襲はもちろん、沖縄戦、原爆投下、中国残留孤児などの悲劇は、すべて回避されたはずでした」と訴えました。

軍民格差

生まれて2時間後に被災した原告の藤原まり子さんは、母から手渡された2枚の診断書を今も大事に保管しています。

病名の欄には「左下腿火傷」と記され、「去ル三月十三日、焼夷弾ニヨリ第三度火傷ニシテ加療セシコトヲ証ス」と書かれています。日付は、敗戦直後の昭和20年11月23日。もう一枚も同じ病名で、日付が同じ年の12月3日となっています。66年が過ぎて、2枚とも茶色に変色し、持ち上げると折り目からちぎれそうです。

国が起こした戦争で、生まれたばかりのわが子が左足に大火傷を負った。いつの日か、きっと補償してくれるはず——。そう信じた母の切なる願いは今もかなえられていません。

母親が国の補償を信じたのも無理はありません。なぜなら、戦時中、日本には民間の戦災被害者を救済する法律「戦時災害保護法」があったからです。

制定されたのは太平洋戦争が始まって2ヵ月後の1942年2月25日のことでした。

当時の日本政府は、国民総動員体制をつくり、厳しい罰則を背景に国民を戦争へ総動員していました。それに呼応するために制定された法律で、対象は戦時災害で危害を受けた「帝国臣民タル」本人と家族、遺族。しかも、軍人と一般国民とを区別せず、すべての空襲被災者を援護するものでした。

給付金は、死亡者の遺族給与金が一人500円。障害給与金は最高で700円。「身体ニ著シキ障害ヲ存スルモノ又ハ女子ニシテ其ノ外貌ニ醜痕ヲ残シタルモノニに350円」を支給すると規定されていました。

敗戦の翌46年9月、戦時災害保護法は、「軍事扶助法」「軍人恩給法」と共に廃止されました。日本を占領していた「連合国軍最高司令官司令部」（GHQ）が、非軍事化政策を進め、生活困窮者を軍民の差なく保護するという趣旨のもと、生活保護法や身体障害者福祉法などの一般社会保障法の枠内での救済にとどめたからです。

ところが、日本が占領体制から脱した52年、国への協力を柱とする「戦傷病者戦没者遺族等援護法」が制定され、翌53年には「軍人恩給法」も復活。旧軍人・軍属への援護だけが行われることになったのです。ちなみに、当時は朝鮮戦争の真っただ中で、日本の再軍備が進められていた時代でした。

その後も「未帰還者」「引揚者」なども援護の対象となっていきました。

また、原爆被爆者や中国残留邦人に対する援護立法も制定されていきます。さらに住民を巻き込んだ地上戦となった沖縄戦では、「戦闘参加者」に該当するとされた民間人が「準軍属」と扱われ、援護法の適用を認められていきます。日本軍に食糧を奪われても「食糧供出」、壕を追い出されても「壕の提供」など、実態とかけ離れたかたちで「戦闘参加者」に位置づけられたのです。これらは沖縄戦の犠牲者からの補償要求を封じ込めるためだったとも指摘されています。

さらに援護法の改正によって「軍人・軍属」の範囲が拡大され、また、通達による解釈変更によっても援護の対象は広がっていきました。それなのに、「国土防衛の戦士」を強いられた民間の空襲被害者だけが置き去りにされているのです。

09年10月14日の第4回口頭弁論。大前弁護士は、援護法の適用対象が拡大していった具体例を示し「戦闘行為には参加しないが、空襲により生命・身体に重大な危険を生じるという点では、援護対象となった軍属・準軍属と、民間の空襲被災者とは何ら違いはありません。とりわけ空襲被災者は、空襲から逃げることを禁止されて防空消火義務を課せられており、極めて危険な状態に置かれていたのです。軍属や準軍属は、空襲に遭わなくても何らかの負傷をすれば手厚い補償を受けられます。ところが、民間の空襲被災者は空襲

西晃弁護士

により重大な被害を受けても一切の補償がありません」と主張しました。

さらに、西晃弁護士が同じ民間の戦災者でも援護のある原爆被爆者と民間の空襲被災者の被害を対比させ、「空襲による被害は、原子爆弾によるそれと比べても決して軽微なものではありません。全国各地で使用された焼夷弾は極めて着火力が強く、極めて残虐な兵器です。どうして、空襲被災者である原告だけが差別され続けなければならないのでしょうか」と指摘しました。

一方の国は09年3月4日の第1回口頭弁論で、原告の主張は理由がないという答弁書を提出したあと、何も語ろうとはしていませんでした。

このとき、西弁護士は「最後に、被告の国のこの間の応訴態度について一言申し上げます」と述べ、こう告げました。

「原告の残り少ない人生をかけた必死の主張に対し、事実認否も含め、もう少し誠実な対応があってもよいのではないでしょうか」

涙ながらの訴えに、傍聴席から拍手が起こりました。

半世紀以上が過ぎた今でも国の軍人偏重の構図は変わりません。

大阪空襲訴訟弁護団によると、軍人・軍属関係の恩給と遺族年金の支給額は、現在でも年間1兆円近くの予算が組まれており、09年までの支給額は50兆円を超えるということです。

恩給の支給額は、軍人としての兵役年数と傷病の程度によって決められています。

「普通恩給」は、在職年数12年以上の者にのみ支給され、支給額は在職年数が長いほど高額となっています。ただし、在職年数が12年未満の者であっても、重度障害を負った者に対しては普通恩給と「増加恩給」が支給され、軽度障害の者に対しても恩給法に基づく

「障害年金」を受けられています。

また、恩給の対象外となる元軍属・準軍属に対しては、「戦傷病者戦没者遺族等援護法」７条１項による障害年金制度があります。これには、在職期間の長短による区分はありません。

それに対して、民間の空襲被災者は、戦災により障害を受けたとしても、国民年金法に基づく障害基礎年金を受給するほかないのが現状です（年金が支給されるのは障害等級1級と2級のみ）。

09年7月27日の第3回口頭弁論で、弁護団を代表して若手の喜田崇之弁護士が同じ程度の傷害を負った原告と旧軍人・軍属の補償金額にどれほどの開きがあるのか、具体的な数字をスクリーンに映し出しました。

藤原まり子さんは空襲で左足に大やけどを負い、中学2年のときに切断し、義足で暮らしています。にもかかわらず、障害者としての等級は「3級」です。

しかし、在職12年以上の旧軍人が同じ傷害を負った場合、年間４２６万７０００円が支払われており、これまでの累計だと1億４９３６万６０００円もの差が生じています。

２０１０年3月に亡くなった小見山重吉さんと比べるとどうでしょうか。

顔面や手を含む広範囲にケロイドが残り、口は３分の１しか開かなくなり、左手の親指と薬指、小指が折れ曲がったままでした。これでも障害等級１級から２級に該当しないため、障害年金はありません。ケロイドだけでは、機能性を損なっていないと障害の認定を受けられず、障害者手帳の交付もない人もいます。

でも、同じ障害を在職12年以上の旧軍人が負った場合だと、年間５０５万円の恩給が支給され、これまでの格差は2億４２００万円にものぼります。

こうした事態を踏まえ、喜田弁護士はこう説明しました。

「この格差が何年も何十年も積み重なり、埋め尽くしようもない格差、すなわち差別が生じているのです」

広がる軍民格差――。この不平等な状態が法の下の平等を定めた憲法14条に違反しているのは明らかです。

第3章　大阪大空襲

最初の大空襲

太平洋戦争末期、米軍による大阪への空爆は50回を超え、うち100機以上のB29爆撃機による攻撃を大空襲といい、計8回を数えました。

第1次大阪大空襲は、45年3月13日深夜から翌14日未明にかけて。274機のB29が襲来、3時間半にわたって1773トン、6万5000発あまりの焼夷弾が投下されました。

当時の大阪府警備局の調べによりますと、死者3987人、重傷者8500人、行方不明者678人、被災戸数は13万6107戸を数えました。特に大阪市の中心部――当時の浪速区、西区、南区、大正区、東区、西成区、天王寺区が焼け野原になりました。

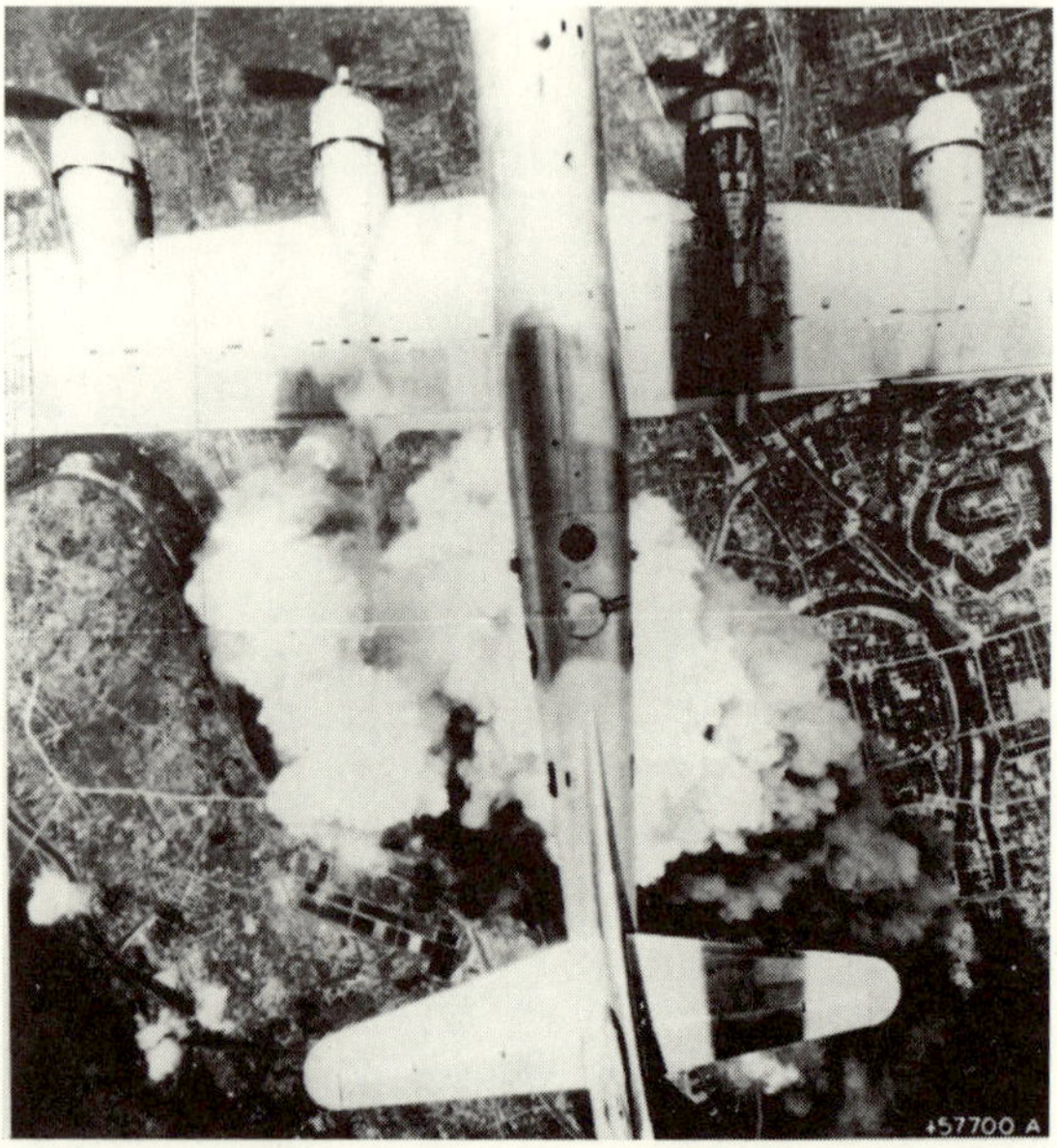

大阪を襲うB29 。右主翼下に大阪城が見える
1945年6月1日　（提供：ピースおおさか）

甚大な被害が出たのは、これまでと違って高度2000メートルぐらいの低空からの夜間爆撃だったことが大きいと言われています。市街地に焼夷弾攻撃を実施して燃やし尽くすという「焦土化作戦」です。

大阪空襲訴訟原告団23人のうち、藤原まり子さんや浜田栄次郎さん、吉田栄子さんら14人がこの日の大空襲で傷害を負ったり、家族を亡くしたりしています。

奈良県桜井市の原告、藤木雅也子さん（75）は一緒に暮らしていた家族をすべて失い、戦災孤児になりました。

藤木雅也子さん

藤木さんは当時10歳で国民学校4年生。一家は大阪市浪速区に住んでおり、母と2人の兄、姉の5人家族でした。父は、藤木さんが4歳のときに病死しており、兄が父の後を継いで自転車店を経営していました。

この日の深夜、母に起こされた藤木さんは、着の身着のまま外へ出ました。空は炎でオレンジ色に染まり、焼夷弾の落下音や爆発音があちこちで聞こえていました。

5人は自宅近くにあった金光教教会の地下室へ逃げ込みましたが、中は避難してきた人たちであふれんばかり。息苦しくなった藤木さんは一人、はじき出されるように外へ出たそうです。

近所の家々は炎に包まれ、路上には焼夷弾の燃えたあとの筒がマッチ棒をばら撒いたように無数に転がっていました。

藤木さんが行き場を失って立ちすくんでいると、避難民を誘導していた警防団員に「うろうろするな」と怒鳴られました。藤木さんの足は通い慣れた母校に向きました。

高架を走る南海電車は窓から炎を吹き出して焼けていました。アスファルトの道路は溶けてデコボコ状態。何もかもが焼け、昼間のように明るかった地獄のような街を、藤木さんは一人で逃げ、ようやく精華国民学校にたどり着いたのです。

翌14日、探しに来た母の妹である叔母に連れられ、自宅へ戻ると、我が家は全焼していました。遺体安置所になっている日本橋国民学校へ叔母と2人で向かいました。講堂の中には数百もの遺体が並べられ、黒く焼け焦げた遺体の中に母と兄2人、姉が並べて置かれていたそうです。

「ほんまに死んでたんやなあと思いました。どっかに生きていると思うてましたもんね。現実に遺体を見たら、これで終わりかなと思うて……。涙は出ませんでしたなあ」

その後、遺体はどうなったかわからず、遺骨も引き取ることはできませんでした。


大阪市住吉区の原告、田中正枝さん（71）は当時5歳。東区（現中央区）に、祖父母、両親の5人で住んでいました。祖父と父は自宅の裏側で着物の染物屋を営んでいました。

警戒警報が鳴り、国防婦人会に入っていた母と警防団員だった祖父を残し、田中さんら3人は町内会で決めていた第一生命ビルの地下へ避難しました。中は避難してきた人たちでいっぱいでした。空襲が激しくなるにつれて、天井の空気抜きの穴から煙が充満してき、バラバラと火の粉も入ってきたそうです。

「出よう。このままでは窒息死してしまう」という叫び声と共に、多くの人が出口に殺到しました。その時、「ズシン」という地響きがしたため、みんな慌てて元の場所に戻りました。あとでわかったことですが、B29が撃墜された音だったそうです。

家族は無事でしたが、家は跡形もなく全焼していました。空襲に遭う前に全財産を出して買い込んだ染料も含まれていました。生活の基盤である家と財産を失った一家は祖父の兄を頼り、出身地である滋賀県近江八幡市へ移り住みました。

しかし、生活は厳しかったそうです。高齢の祖父は仕事がなく、父も体が弱かったため、なかなか働き口が見つかりませんでした。貧しい中で、祖母が亡くなり、父も続きました。さらには「空襲がなければ……」が口癖だった祖父までもが他界したのです。

兵庫県宝塚市の原告、山岸佐津子さん（80）は当時14歳。大阪市西区で両親と姉、兄、弟と暮らしていました。

家族は無事でしたが、自宅は焼失してしまい、財産すべてを失くしてしまいました。

翌日、疎開する弟を母が連れて行くのを見送って天王寺駅まで歩いていく道で、山岸さんは街中にあふれかえる死体を見たそうです。焦げ茶色の焼死体を何体も跨ぎながら、「一切何らの感情も沸かなかったことを今でもはっきりと覚えています」。

山岸佐津子さん

山岸さんの亡き夫・幸夫さんも第1次大阪大空襲に遭っています。当時住んでいた大阪市西区の堀江一帯は直撃を受け、火の海になりました。当時17歳だった幸夫さんは、両親と弟を亡くしています。自宅の庭に作った防空壕の中で死んでいたそうです。

父の遺体を引っ張り出して寺に運ぼうとしましたが、重くて運べません。幸夫さんはスコップでゲートルをまいた父の足を切断するなど、バラバラにして運びました。

「親の身体を傷つけた」と、幸夫さんは２００６年に亡くなるまで悔やみ続けていたそうです。

白昼の大空襲

１９４５年6月1日、大阪は2度目の大空襲に見舞われました。3月の大空襲をはるかに上回る４５８機のB29が襲来し、２７８９トンもの焼夷弾の雨を降らせたのです。3月の大空襲で焼け残った大阪湾の沿岸部や淀川左岸の下町がターゲットになりました。

爆撃が始まったのは午前9時28分。米軍は確実に爆撃するため日中の空襲を決行したのです。

当時の大阪府警察局は火災の凄まじさについて、〈火焔は７０００メートルにおよび、積乱雲を発生させた〉と記しており、雷鳴が轟き、黒い雨が降ったというこ

B29による大阪港ドックや倉庫の白昼爆撃　1945年6月1日
（提供：ピースおおさか）

とです。

　火炎地獄を逃れた人々を、今度は機銃掃射が追いかけました。当時、米軍最強といわれた戦闘機P51ムスタングです。白昼の爆撃は応戦される可能性が高いため、B29の護衛役として大阪上空へはじめて27機が飛んできました。左右の主翼には前方に12・7ミリ機銃の穴が3基あり、搭乗員は急降下しながら人々を追尾し、機銃を乱射したのです。

　1時間半に及ぶ空襲で、港区はほぼ壊滅、此花区や大正区、福島区、北区、天王寺区などにも大きな被害が広がり、死者3112人、行方不明者は877人を数えました。

　1週間後の6月7日、大阪はさらなる無差別爆撃にさらされました。第3次大阪大空襲です。大阪の上空は409機のB29、138機のP51ムスタングで埋め尽くされました。

　午前11時9分に始まった空爆は1時間半続きました。2594トンもの焼夷弾が投下され、死者2759人、行方不明73人を数えたのです。

米軍の攻撃目標は、大阪市東部の住宅密集地を焼夷弾で焼き払うことと、「東洋一の兵器工場」と言われた大阪陸軍造兵廠（大阪砲兵工廠）を破壊することでした。

大阪砲兵工廠への攻撃には５００キロ爆弾と１トン爆弾という通常爆弾が使われました。この日、大阪上空は一面の雲に覆われていたため、目視ではなくレーダーに頼らねばなりませんでした。その結果、爆弾の多くは目標を外れて都島区を中心に東淀川区、旭区など大阪市北東部の住宅地域や淀川の両岸へ落下したのです。

大阪府枚方市の原告、森上召子さん（79）もこの日、姉を亡くし、自身も全身に大やけどを負いました。

森上さんは当時13歳、国民学校高等部の1年生。一家は大阪市城東区で、両親、姉2人、弟の6人家族でした。

その日の昼ごろ、空襲警報が鳴ったので森上さんは下校させられました。帰宅すると、次姉・八重子さんが眠っていました。

軍需工場で夜勤明けの八重子さんは、「眠ることができなくなった」とぼやきながらも妹を連れて一緒に川の方へ逃げました。森上さんらが橋の下に身を寄せていると、近くの工場の人たちに「こっちへおいで」と招かれたそうです。

工場の入口で、焼夷弾が遠くに落下するのを見て「花火のように奇麗」と思った次の瞬間、森上さんは吹き飛ばされていました。工場は焼夷弾の直撃を受けて燃え広がり、炎が森上さんの防空頭巾や衣服に燃え移り、「体中が燃えてひきちぎられそうになる熱と痛みに襲われた」と言います。目の前にガラスが粉々に砕け散った窓があり、夢中で乗り越えたそうです。

森上召子さん

「誰か助けて」という姉の声が聞こえました。森上さんは工場を脱出して目の前にある川の中へ飛び込みました。ジュワーという音と共に全身の炎が消えましたが、焼夷弾の破片が森上さんの右足を直撃したらしく、川は真っ赤な血に染まりました。

髪は焼けて灰になり、両手・両足のむき出しになった肌と顔の一部は火傷を負い、水ぶくれになりました。森上さんは意識がもうろうとする中、助けを求めて岸へと上がりました。その変わりようは、娘たちを探しに来た父が気づかないほどでした。

搬送された病院で、消毒液をつけたガーゼを傷口にあてるたびに強烈な痛みが襲いました。やがて腐った傷口からはウジが湧き、一つ一つピンセットで取る日々が続いたそうです。

姉の八重子さんが工場の鉄板の下から遺体で発見されたのは、空襲の翌日のことでした。

「私が帰ってこなければ姉は死なずに済んだ。私が姉を殺したようなものです」

60年以上経った今でも、森上さんはそういって自分を責め続けています。


大阪が4回目の大空襲に見舞われたのは6月15日のことでした。攻撃目標は大阪と、隣接する兵庫県尼崎市。焼け野原となった大阪に、なおも444機ものB29の大群が襲いかかり、午前8時44分から約2時間、3157トンにも及ぶ焼夷弾の雨を降らせました。大阪市東部、北東部、南部をはじめ堺や守口など、小規模のエリアが分散して狙われ、死者477人、行方不明者67人を数えました。

第4次大阪大空襲は、米軍にとって、3月から始めた5つの大都市（東京、横浜、名古屋、大阪、神戸）を焼き尽くす焦土作戦の締めくくりという意味合いを持っていました。このあと米軍は、全国の100以上の中小都市に対して焼夷弾の雨を降らせていくのです。

6月26日の第5次大阪大空襲は、大阪砲兵工廠と此花区の住友金属という2つの軍事施設に対する精密爆撃として行われました。住友金属は大きなダメージを受けましたが、砲兵工廠はまたほとんど被害を出すことなく、爆弾は周辺地域を直撃しました。此花区や福島区、西淀川区や城東区などが大きな被害を受け、死者681人、行方不明63人を出しました。

堺大空襲

116機のB29が大阪府堺市の上空に到達したのは7月10日、日付が変わったばかりの真夜中のことでした。直前に和歌山市が爆撃され、堺市民は和歌山方面の空が赤く染まるのを見つめながら、不安な夜を過ごしていたそうです。和歌山大空襲も終わりに近づき、人々が、ほんの少し緊張から解き放たれたそのとき、B29の大群が襲いかかったのです。

奴井利一郎さん　堺市内で（母に抱かれて朝を迎えた寺の前）

午前1時33分に始まった空襲は1時間半続きました。779トンの焼夷弾が投下され、1394人の市民が命を落とし、約7万人が家を失いました。堺の市街地はほぼ焼け野原になりました。

堺市堺区の原告、奴井《ぬい》利一郎さん（68）は、母と2人の姉を亡くし、自身も大ケガを負いました。

奴井さんは当時3歳。両親と姉3人、叔父夫婦の計8人で暮らしており、父は自転車店を営んでいました。

その日の未明、空襲警報が発令され、奴井さんは叔父に背負われて自宅から50メートルほど離れた防空壕へと逃げ込みました。

防空壕といっても、半径3メートルほどの狭いもの。深さも50センチほどしかなく、そこに板を張って土をかぶせてあるだけ。奴井さんは、母の横で恐怖に怯えながら座っていました。

「ピュー」という焼夷弾の落下音。「キャー」「ワァー」という悲鳴。「娘の手が飛んでいってしまった」という叫び声。ほどなく、今まで聞いたことがない大きな音を立てて焼夷弾が落ち、防空壕を直撃したのです。

入口が燃え上がり、防空壕の中に煙が充満してきました。一家は炎に包まれた入口を飛び出し、その際、全員が大やけどを負いました。家族はバラバラになり、奴井さんは、大やけどを負った母に抱かれ、朝を迎えました。

奴井さんも左腕や左脇腹、左足など、体の左半身が焼けただれ、焼夷弾の破片が背中を直撃して背骨にもケガをしていました。息をするたび、ピュッと血が飛び出しました。運ばれた病院で、医師が父親に「明日の朝までの命しかない。あきらめてくれ」と告げたほどの重症だったそうです。

奴井さんは奇跡的に一命を取り留めましたが、やけどが一番ひどかった三姉の高子さんは即死状態でした。当時8歳。丸焼けになって防空壕の入口から3、4㍍のところで力尽きたそうです。

6日後、顔や体に大やけどを負った母が逝きました。46歳でした。

「母の顔が真っ赤になって皮が焼け焦げていて、着ている衣類も焼け焦げてボロボロだったことを今も覚えています。母が亡くなる前にもっと話をしたかったし、母の愛情がもっと欲しかった……。今でも無念でなりません」

長姉の峯子さんが亡くなったのは空襲から1ヵ月余が過ぎた8月16日、終戦の翌日でした。やけどのほかに、胸や左わき腹にできた打撲が致命傷となったようです。当時18歳でした。

父親も左足に大火傷を負っていました。戦後も長く治療を受けねばならず、家族3人を亡くしたことに大きなショックを受け、仕事も以前のようにすることができなくなったのです。

7月24日の第7次大阪大空襲は、此花区の住友金属桜島工場、城東区の大阪砲兵工廠に対して白昼行われました。共に6月26日の第5次大阪大空襲で標的にされた巨大な兵器工場。米軍はこの空襲で深刻なダメージを与えることができなかったことから、再びターゲットに定めたのです。

B29は117機。このうち15機が大阪砲兵工廠に1トン爆弾を投下しましたが、大阪上空は天候が悪いために視界がきかず、レーダーによる爆撃となりました。

しかし命中率が低く、米軍は早めに攻撃を切り上げています。B29はそのまま三重県桑名市へと向かい、市街地を空襲しました。

住友金属には82機のB29が2トン爆弾488トンを投下しました。プロペラなどをつくっていた住友金属桜島工場は壊滅。今のUSJ（ユニバーサルスタジオジャパン）はこの跡地にできています。この日の大空襲も、軍事施設を狙う精密爆撃の名目で行われた空爆でした。しかし、周辺の此花区、城東区、中央区、守口市などに被害は広がり、214人の死者を出しました。

敗戦の前日にも

大阪大空襲以外の空襲で被災した原告もいます。広島に原爆が投下された同じ8月6日、兵庫県西宮市と宮崎県都城市で空襲がありました。

兵庫県西宮市の森岡惇さん（78）は当時13歳、国民学校高等部1年生。父が警察官だったため、一家は西宮市内の警察官舎に住んでおり、両親と兄、弟、妹との6人家族でした。

西宮市が米軍の爆撃に遭ったのは8月5日深夜から6日未明にかけて。警戒警報もなく、いきなり空襲警報が鳴り始めたということです。

森岡さんらは、官舎の住人用に作られた公園の大きな防空壕へ逃げ込みました。逃げ遅れ、無数に降り注ぐ焼夷弾の直撃を受け、3人がその場で即死しました。

爆弾の破片が防空壕の中に飛び込んできて、森岡さんの左足の大腿部に突き刺さりました。左大腿を貫通し、足の肉の一部を引きちぎって飛び出していきました。足の中を通っている太い神経が切断されてしまったため、自力ではまったく動かせなくなり、ぶら下がったような状態になりました。

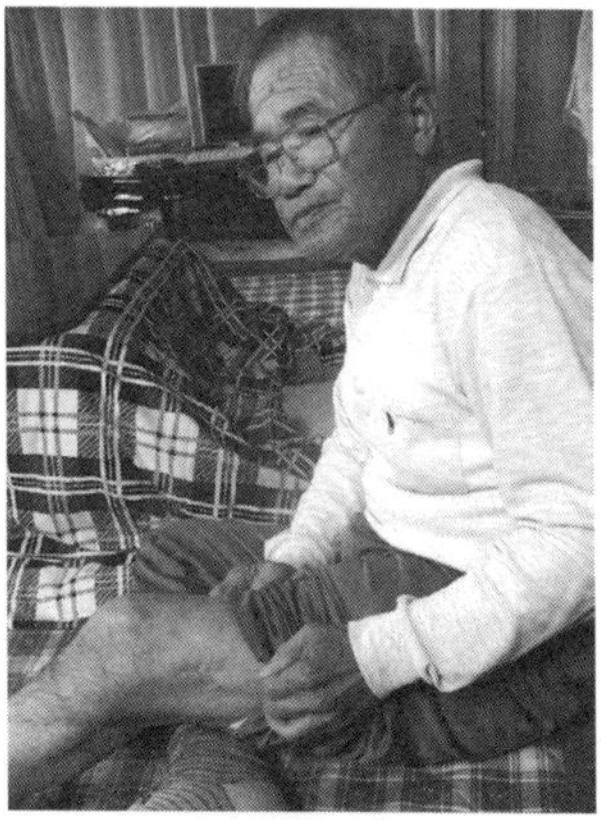
森岡惇さん

防空壕ではとても防ぎ切れないと、避難していた多くの人たちが外へ逃げ出しました。森岡さんも一緒に逃げようとしましたが、足が動かせません。そんな森岡さんを父の部下の警官が見つけてくれ、自転車に乗せてくれました。途中、河原にはおびただしい数の死体が転がっていました。明け方の5時ごろ病院に着きましたが、病院の廊下にも、死体が並べられていたそうです。

森岡さんのケガは「左大腿部貫通銃創」。治療といっても、毎朝赤チンを塗り、消毒薬を塗ったガーゼを貫通した左足の穴に通して包帯を取り替えるだけ。消毒薬をつけたガーゼを巻いた棒を通されるたびに、森岡さんは大声を上げ、全身がけいれんしました。何人もの手で押さえつけられながらの治療だったそうです。

森岡さんは1ヵ月ほど入院したあと、父の実家があった静岡へ移り、3年間通院しましたが、治療費はすべて自分たちが負担せねばならず、一家は苦労したそうです。

今でも左足は伸びきったまま。足を引きずって歩く姿をからかわれ、「いっそ死んでしまった方がよかったのに」と思い続けて生きてきました。

大阪府東大阪市の原告、萩原敏雄さん（77）はこの日、左足を失いました。

宮崎県都城市を米軍機が襲ったのは8月6日の正午ごろ、広島に原爆が投下されて4時間後のことでした。警戒警報が空襲警報に変わったため、萩原さんは自宅の押し入れへ弟と逃げ込みました。ウォーという大きな音を立てて米軍機が低空飛行で飛んできて機銃掃射の銃弾が萩原さんの左足の下腿部を貫通したのです。

「不思議に痛みもなく、大量に流れ出た血と近くに銃弾が落ちていたので左足がやられたなと気付いたのです」

運び込まれた病院で、医師から何の説明も受けぬまま、左足を切断されました。そして、その日のうちに自宅に帰されました。その晩、寝ようとすると、切断された左足が急に痛み出し、萩原さんは大声をあげて泣き叫びました。

当時12歳、国民学校6年生でした。学校へは、その日から行っていません。

左足を失い、一本杖をつきながらの生活。周りから

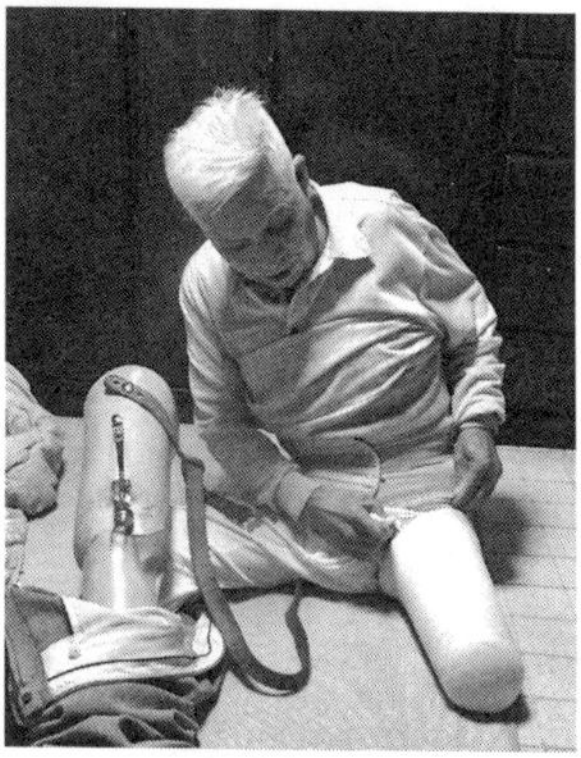
萩原敏雄さん

侮蔑的な言葉を浴びせられ、幼なじみの女性からも「チンバ」とばかにされたりもしました。義足をつけるようになり、知人を頼って大阪に出てから、紳士服の仕立て、ネジの製造など、いろんな仕事をしてきました。

広島に続いて、8月9日には長崎に原爆が投下され、ソ連が宣戦布告。日本の戦争指導者たちも、ようやく戦争終結の道を模索し始めました。しかし、大阪はさらなる大空襲に見舞われるのです。国民に日本の敗戦が知らされる1日前のことでした。

8月14日。真夏の太陽が照りつける午後、大阪上空は145機のB29に黒く埋め尽くされました。米軍の攻撃目標は大阪砲兵工廠。大阪の街が焼け野原になってなお生き残ってきた東洋一の兵器工場を壊滅させるため、狙い撃ちにしたのです。

午後1時16分からおよそ50分間にわたって爆撃は続きました。投下された爆弾は1トン爆弾と500キロ爆弾をあわせて706・5トン。大阪砲兵工廠は8割が完全に破壊されました。死者は359人。一般の工員はもちろん、学徒動員の男子生徒、女子生徒らも多数が犠牲になりました。

誤爆の悲劇も数多く生まれました。なかでも大きな被害を出したのが大阪砲兵工廠に近い国鉄、現在のJR京橋駅。目標を外れた1トン爆弾の流れ弾が4発、駅舎に落ちたのです。そのうち1発は、城東線のガード下のコンクリートを突き破り、その真下の片町線のホームで爆発しました。そこには、空襲警報のサイレンが鳴り響く中、この駅で降ろされた上下線の乗客が寿司詰めになって避難していました。死者は判明しているだけでも210人。無縁仏となった人は500人とも600人とも言われています。

この日の空襲は、米軍が「第2次大戦での爆撃作戦の最終シリーズ」と名づけた作戦の一環でした。ポツダム宣言受諾に際し、日本の戦争指導者の内部で「国

1945年7月26日、爆弾投下による直径20メートルちかくの破裂穴
（茨木市　山内一郎さん画　提供：ピースおおさか）

体護持」――つまり天皇制の存続をめぐって対立があり、このため、連合国側への回答が遅れました。それを米軍は回答の引き延ばしと判断し、「最終シリーズ」を選択したといわれています。

大阪砲兵工廠と共に標的にされたのが、同じく軍需工場である山口県光市の光海軍工廠、中小都市である群馬県伊勢崎市、埼玉県熊谷市、神奈川県小田原市、秋田県秋田市の6ヵ所でした。日付が変わり、ようやく平和が訪れるはずの8月15日を迎えてもなお、執拗な空襲にさらされた例もありました。

主な大阪大空襲とその被害状況

	日	時刻	来襲機数	投下弾等	主な被災地域	被災戸数	被災者数	死者数	重傷者数	行方不明者数
1	3 月13〜14日	23：57〜03：25	B29 274機	焼夷弾 1,733トン	大阪市浪速区、西区、南区、港区、大正区、東区、西成区、天王寺区	136,107	501,578	3,987	8,500	678
2	6月1日	09：28〜11：00	B29 458機 P51 少数	焼夷弾 2,789トン 機銃掃射	大阪市港区、此花区、大正区、福島区、北区、天王寺区、東区、大淀区	65,183	218,682	3,112	10,095	877
3	6月7日	11：09〜12：28	B29 409機 P51 138機	焼夷弾 2,594トン 機銃掃射	大阪市都島区、大淀区、旭区、淀川区、東淀川区、福島区、北区、豊中市	58,165	199,105	2,759	6,682	73
4	6月15日	08：44〜10：55	B29 444機	焼夷弾 3,157トン	大阪市西淀川区、天王寺区、生野区、東成区、西成区、淀川区、北区、東区	53,112	176,451	477	2,385	67
5	6月26日	09：18〜10：22	B29 173機	爆弾 1,140トン	大阪市此花区、福島区、西淀川区、城東区（住友金属と造幣廠）	10,423	43,339	681	983	63
6	7月10日	01：33〜03：06	B29 116機	焼夷弾 779トン	堺市、大阪市住吉区、貝塚市	16,488	65,825	1,394	1,574	9
7	7 月24日	10：44〜11：01	B29 117機	爆弾 704トン	大阪市此花区、城東区、東区（住友金属と造幣廠）、守口町	893	3,503	214	329	79
8	8月14日	13：16〜14：01	B29 145機 小型機若干	爆弾 707トン	大阪市東区、城東区（造幣廠）	1,843	2,967	359	33	79

※大阪空襲は56回ほどあったが、この表はその中でも大規模なもの8回の状況
（「ピースおおさか」資料より）

第4章　全国空襲連

「東京大空襲訴訟」一審敗訴

「原告らの請求をいずれも棄却する」――。

東京大空襲の被災者や遺族ら131人が国に謝罪と損害賠償を求めて集団提訴した「東京大空襲訴訟」で、2009年12月14日、東京地裁は原告の訴えを退けました。主文の朗読だけで、判決言い渡しは30秒もかかっていません。退廷する裁判官を原告たちはただ呆然と見送っていました。

裁判所の外で朗報を待っていた原告や支援者100人あまりを前に、法廷から飛び出してきた2人の弁護士が掲げた垂れ幕は「請求棄却」「司法の責務を放棄」。

落胆と怒りの声が渦巻く中、原告の一人がつぶやきました。「次の判決まで生きられない……」。

一夜にして10万人もの命を奪った東京大空襲。その被災者と遺族らは大阪に先駆け、2007年3月10日に国が援護を怠ってきたことへの謝罪と賠償を求め集団提訴しました。2年の審理を経て09年5月21日に結審するまでに、131人の原告のうち13人が法廷で自身の空襲体験を訴え、作家の早乙女勝元さんら5人の専門家証人が証言しました。

その日の夜、原告団や弁護団、支える会による報告集会が東京都台東区で開かれました。

原告団長の星野弘さん（79）は「恐ろしくなるほど冷たい仕打ちでした」と振り返り、「私たちは不公平な戦後政治に終止符を打つべく立ち上がったのです。初志貫徹して引き続き、全力を挙げて闘っていきましょう」と、これからも闘い抜く決意を表明しました。

両親と叔父ら家族7人を亡くし戦災孤児となった原告の草間和子さん（74）も、「国を相手に闘っているのだから簡単には勝てません。法廷内では負けたかもしれませんが、大勢つめかけたマスコミや支援者を見て、法廷外では私たちの運動は着実に前進していることを実感しました。光はあります」と訴え、大きな拍手に包まれました。

判決で東京地裁は「原告らの受けた苦痛は計り知れないものがあり、提訴した心情は十分に理解できる」としながらも、「司法が基準を定めて救済すべき対象者を選別することは困難」と指摘しました。そのうえで、「戦争被害者救済は政治的配慮に基づき、立法を通じて解決すべき問題だ」との判断を示したのです。

これに対し、弁護団長の中山武敏弁護士は「司法は実際に提訴した人に被害があるのかないのかを判断すべきではないのでしょうか。補償差別を受けている原告らが人間の尊厳を回復するために闘っているのに、裁判所は司法の責任を放棄したと言っていい」と憤りをあらわにしました。

さらに、弁護団からは「心理的に理解できるというが、裁判所は同情するところではない。権利侵害が法律違反かどうかを判断するところだ」「判決文の中で、東京大空襲は『昭和20年3月9日深夜から10日未明』と書かれているが事実誤認。爆撃が始まったのは10日未明で、裁判官は陳述書すら読んでいないのではないか」など、判決の矛盾を指摘する声が相次ぎました。

唯一救いがあるとすれば、国が空襲被災者への救済拒否を正当化する論拠としてきた「戦争損害受忍論」が一言も引用されなかったことです。

大阪から駆けつけた大阪空襲訴訟弁護団事務局長の高木吉朗弁護士は、「原告や弁護団の闘いで受忍論を捨てさせた。裁判所はそこまで追い込まれている。大阪もぜひとも参考にさせていただきます」と語りました。

大阪空襲訴訟で被告の国は、これまで答弁書以外に一切書面を提出せず、原告の主張への反論もしてきませんでした。にもかかわらず、この東京地裁判決を「新証拠」として大阪地裁へ提出してきました。

東京地裁判決後、初めての法廷となった２０１０年

2月24日の第6回口頭弁論で大阪空襲訴訟弁護団は国側の姿勢を批判、喜田、大前の両弁護士が東京判決に対して、相次いで意見陳述を行いました。

喜田弁護士はまず、東京地裁判決について「何より原告の請求を認めなかったという結論において不当だ」と強調しました。

そのうえで、戦争損害受忍論について触れました。「戦争損害受忍論は、戦争損害に対する補償が『憲法のまったく予想しないところ』であることを論拠としていますが、憲法は政府の行為によって二度と戦争の惨禍が起こらないようにすることを誓っています。憲法がそのもとになった戦争損害に対しての補償を『まったく予想しない』はずがありません」と述べ、東京地裁判決が受忍論に触れなかったことをこう総括しました。

「戦争損害受忍論は論理的に破綻しているだけでなく、実際的にも、時代と共に、裁判所が原告らの救済拒否する論拠として用いるにはもはや耐えられなくなっています。東京地裁の判決は、裁判所が、今後は戦争損害受忍論を完全に放棄する、という態度を表明したということに他なりません。この点に限って言えば高く評価されるべきです。大阪空襲訴訟においても、これを踏まえて判決が下されなければなりません」

さらに東京地裁判決が空襲被災者の訴えに一定の理解を示しつつも、「立法を通じて解決すべき問題だ」と結論づけたことに対し、「何よりもまず、原告らが裁判所に求めているのは、人権侵害・権利侵害に関する事実認定であり、その事実認定に対する司法的救済です。その役割を放棄し、政治の責任に転嫁することは基本的な司法の責務を全うしていない」と厳しく批判しました。

バトンタッチした大前弁護士は東京地裁判決の事実認定の問題点を列挙しました。特に「全国民が国家総動員体制により戦争に巻き込まれ、戦争被害者は空襲被害者だけではない」と判示したことに対しては、当時の国が空襲時の退去を禁止したり、消火活動を義務づけたり、焼夷弾や大空襲の危険性を知りながら虚偽の宣伝をしたりしたことを示し、「空襲被害者の被害実態にそぐわず、きわめて不当ですさんである」と指摘しました。

「全国空襲連」発足

第6回口頭弁論から2週間あまり。東京大空襲から65年目の２０１０年3月10日、東京、大阪、名古屋の空襲被害者80人と国会議員との懇談会が衆議院第１議員会館で開かれました。

呼びかけたのは東京大空襲訴訟の原告団と弁護団。東京地裁での一審判決を受け、原告１１３人が控訴する一方で、立法での解決を目指して一歩を踏み出したのです。

参加した国会議員は、民主、共産、社民などの党派を超え、代理人を含む63人でした。

東京大空襲・戦災資料センター館長で作家の早乙女勝元さんが、当時の大本営が東京大空襲について〈盲爆により都内各所に火災を生じたるも宮内省主馬寮は2時35分、その他は8時頃までに鎮火せり〉と発表したことに触れ、「亡くなった10万人の命は『その他』でしかなかったのです。戦争が終わって6年。日本はサンフランシスコで単独講和を結び、日米安保条約にも調印しました。翌52年に旧軍人・軍属の援護法、国家補償による軍人恩給法を次々に成立していきましたが、民間人は『その他』のままでした。『その他思想』が戦後もずっと引き継がれています。空襲被害者が補償を勝ち取り、民主主義の『民』を取り戻さなければなりません」と呼びかけました。

早乙女勝元さん

65回目の終戦記念日を前日に控えた8月14日には、全国の空襲被害者や遺族、支援者らでつくる「全国空襲被害者連絡協議会」（全国空襲連）が発足しました。

東京都台東区で開かれた結成集会には、東京大空襲訴訟と大阪空襲訴訟の原告団をはじめ、横浜や前橋などの空襲を記録する会や、岡山や佐世保の遺族会など計20団体の関係者ら３００人が出席しました。

まず、戦災犠牲者へ黙祷をささげ

たあと、共同代表に、東京大空襲訴訟弁護団長の中山武敏弁護士、作家の早乙女さん、ジャーナリストの前田哲男さん、歴史学者の荒井信一さん、ジャーナリストの斎藤貴男さんの5人が、実務を担当する運営委員会の委員長には、東京大空襲訴訟原告団長の星野弘さん、副委員長に大阪空襲訴訟原告団代表世話人の安野輝子さんが就きました。

共同代表の一人、中山弁護士はあいさつの中で「戦争損害受忍論」に触れ、「第2次世界大戦で同じように空襲被害を受けたヨーロッパ各国は民間と軍人の区別なく、さらには自国民と外国人の区別なく補償しています。被害を受忍せよというのは日本だけ。差別なき戦後補償を実現しなければ真の民主主義国家とは言えません」と訴えました。

さらに、全国空襲連の目的として、①軍人・軍属だけでなく、民間空襲被害者（被曝者も含む）を補償する「空襲被害者援護法」（仮称）の制定を目指す　②空襲死者の調査、追悼など空襲被害者の人間回復を目指す　③戦争の惨禍を繰り返さぬために、核兵器の廃絶など各種の平和運動と連帯すること――を確認しました。

この集会で、ひときわ目を引いたのが、名古屋から来た杉山千佐子さんでした。

全国空襲連の結成集会

「若いと思っていたら、私も94歳だそうです。よく、生きてきたものです。でも、戦争の犠牲になった人が全国から集まって１つになる。これはうっかり死ねませんね」

語り始めると、会場からは大きな拍手が起こりました。赤やピンクを基調としたおしゃれな装いはいつも通りです。

杉山さんは１９７２年に「全国戦災傷害者連絡会」を結成し、「戦時災害援護法」制定を求める運動の先頭に立ってきました。

杉山千佐子さん

45年３月24日の名古屋大空襲で鼻の上部と左目を抉られたのは29歳の時でした。家も仕事も失った杉山さんが「障害者厚生相談所」に相談に行くと、「五体満足の者でもないのに『不具者』に仕事があるか」と突き放されました。

また、化粧品をセールスして回ったときには、ある家の母親が子どもを叱りつけながら「言うことをきかないと、このおばちゃんみたいな顔になるよ」と言い放ったそうです。

ようやく大学寮の寮母となり、落ち着いた生活を送れるようになったのは50歳のとき。敗戦から20年あまりが過ぎていました。

杉山さんは、戦時中は民間人も援護の対象になっていたことを知り、民間の空襲被害者の救済を盛り込んだ「戦時災害援護法」の制定を求め、40年近くにわたって奔走するようになります。幾度となく上京し、国会へ行っては悔し涙を流したことも１度や２度ではありません。

「国から民間人とは『雇用関係がなかったから』と言われ、私たちはお国のために無給で働いてきたと言い返すと、『内地は戦場ではなかったから』と。戦場でないところに敵の焼夷弾が降ってきますか。あまりにもばかにしています」

何度踏みつけられようとも杉山さんが蒔き続けた〝種〟は、戦後65年が過ぎてようやく芽を出そうとしているのです。

杉山さんは、援護法を制定することが次の世代に平和な国を残すことにつながると考えています。「なんとしても、援護法を成立させたいものです。命ある限り、頑張ります」と力強く訴える杉山さんに、ひときわ大きな拍手が起きました。

家族5人を亡くした「佐世保空襲犠牲者遺族会」の岩村秀雄会長（81）は「遺族会を発足した時、350世帯が所属していましたが、この35年間で証言する人も少なくなってきました。全国空襲連の発足は、闇夜に光を見る思いです」と話しました。

米軍が沖縄など南西諸島全域を攻撃した44年10月10日の空襲の被害者の会を立ち上げ準備を進める瑞慶山《ずけやま》茂弁護士（67）は「10・10空襲」について、米軍が民間人を無差別に攻撃した日本で初めての空襲だったと説明。「9時間半にわたる空襲で230人が亡くなり、那覇市の9割にも及ぶ民家が壊滅しましたが、補償の対象外です。全国と協力しての立法化とともに法廷闘争も視野に入れた両輪の動きをしていきたいと思います」と決意を述べました。

「大阪空襲訴訟原告団」を代表して安野輝子さんもあいさつに立ちました。

「全国の空襲被害者が一堂に会して全国組織を設立することに対し、大きな責任を感じています。残された時間が少ない私たちが『戦争損害受忍論』を打ち破り、子や孫に平和な社会を手渡すことができるかどうかを決する、人生最後の闘いの始まりだからです」と切り出し、こう訴えました。

「私がいま最も恐れているのは、私たち戦争体験者がいなくなった時代に、再び戦争が起き、子や孫たちが国から『君たちのおばあさんは受忍したんだよ。だから、あなたたちも戦争被害を受忍しなさい』と言われることです。国にきちんと空襲被害者を救済させることは、生き残った私たちの責務です。私たちの闘いは、一人でも多くの空襲被害者と幅広い支援者が手を携えなければ実現できません。力を合わせて受忍論を打ち破りましょう」

全国空襲連では、今後の活動の柱に、東京大空襲訴訟の控訴審と、大阪空襲訴訟の勝訴、そして国家による補償の立法化の2本を掲げました。

その大阪空襲訴訟は、いよいよ裁判の山場を迎えました。2011年2月28日と3月9日の2日間、13人の原告と2人の専門家の証人尋問が行われたのです。原告が空襲被害の実態を明らかにすると共に、専門家証人が研究成果を踏まえて被告である国の違法性を裏付けていきました。

専門家証人の一人、早稲田大学の水島朝穂教授は、2月28日の第8回口頭弁論で、憲法学の観点から戦時の防空法制を明らかにしました。

水島教授は、国が都市に住む市民が空襲を逃れる目的で転居することを原則禁止していたこと。空襲時でも消火活動を義務付けていたこと。違反者には罰金を課していたことなどを説明。こうした国の政策が「隣組」やマスコミを通じて徹底されたことを証言し、「空襲で火の海になっても市民を都市に縛り付けた国の政策が被害を大きくした。国には空襲被害者に補償する作為義務がある」と指摘しました。

水島教授は戦時下の帝国議会貴族院秘密会議速記録を紹介しました。東京大空襲の空襲被害状況を報告した当時の内務大臣に対し、質問に立った大河内輝耕議員が「人貴きか、物貴きか」と厳しく追及、「(政府から)火は消さなくていいから逃げろと言っていただきたい」と迫りました。しかし、内務大臣は「初めから逃げてしまうということはどうかと思う」と拒んだのです。このやりとりを再現し、水島教授は「終戦まで、国は国民の命を軽視していた」と訴えました。

3月9日の第9回口頭弁論に証人として出廷した九州大学大学院の直野章子准教授は、社会学者の立場から「戦争損害受忍論」について証言しました。

その定義について、直野准教授は「戦争中、すべての国民は多かれ少なかれ、生命、身体、財産の損害を受けたが、それは国民が等しく耐え忍ぶべき、やむを得ない犠牲であるという考え方」と説明し、原点は「在外財産問題」だったと指摘しました。在外財産を失った引揚者が戦後、全国組織を結成し陳情運動を展開したことで、国は「在外財産問題審議会」を設置。

57年に引揚者給付年金等支給法が制定され、67年には特別交付金支給法が施行されます。

生命・身体の補償がない中で財産補償を優先した政治の場当たり的対応に対する批判が相次ぎ、最高裁は在外財産をめぐる補償金請求訴訟で「財産も損害も生命・身体の被害と同様に受忍すべきで、国に対しその喪失による損害について補償を請求することはできない」と原告である引揚者団体の訴えを退けました。68年のことです。

ところが、受忍論はその後、生命・身体という人身損害にも拡大されていったのです。

直野准教授は「生命・身体と財産を同列化し、受忍義務の中に押し込めていることが問題」と指摘、「裁判所が人権や正義を回復する場であるのならば、その司法の場においてこそ受忍論は捨て去られなければならないものです」と訴えました。

結審は7月11日午後2時から大阪地裁202号法廷で。注目の判決は、ことしの秋ごろになりそうです。

南海食堂ビルより道頓堀戎橋方面を望む（©なにわ堀江1500　提供：ピースおおさか）

あとがき

２０１０年の暮れ、大阪空襲訴訟原告団代表世話人の安野輝子さんとともに「重慶大爆撃訴訟」弁護団による現地調査に同行し、旧日本軍が無差別爆撃を繰り返した中国・重慶市を訪ねました。

日中戦争のさなか、旧日本軍は中華民国の首都・南京を攻略したあと、臨時首都となった重慶に対して１９３８年２月から43年８月まで、５年半にわたり空爆を継続的に行いました。南京からさらに２０００キロ、険しい山奥にある重慶に陸軍の地上部隊を投入できなかったからです。中国側の資料によりますと、死者１万１８８９人、負傷者は１万４１００人を数え、重慶を含めた四川省全体の死傷者は10万人を超えると言われています。

旧日本軍による無差別爆撃は、軍事目標以外の空爆を禁じた当時から国際慣習法と認められていた「ハーグ空戦規則案」に違反しているとして、被害者や遺族が日本政府に対し、謝罪と賠償を求めて東京地裁に提訴したのは２００６年３月のこと。原告は１８８人。これまで17回の口頭弁論が開かれ、原告の意見陳述が行われています。

原告の一人、周永冬さん（82）が、２００キロ離れた重慶市万州区から親戚が運転する車で、私たちが宿泊しているホテルまで訪ねてくれました。

周さんは１９４０年８月９日の爆撃で右足を失いました。当時10歳、家から片道２時間以上かかる山道を、竹の棒１本を支えにして通ったそうです。

「学校では、竹の杖を隠されるなどいじめによく遭いました。爆撃で家も失ったものだから生活費もない。昼飯も食べられなかったですよ」

同じ境遇の安野さんが「何が一番不自由ですか」と尋ねると、周さんは「階段を上るのがつらい。家の中

からなかなか出なくなりました」と答えました。

「あの爆撃で、私は肉体的にも傷つけられ、精神的にも深く痛めつけられました。私の人生の30％以上がダメになった。私たち重慶爆撃の被害者は歴史を忘れることはできません。日本政府が歴史を直視し、被害者に誠実に謝罪をし、合理的な賠償をすることを求めます」

周さんに話を聞きながら、その姿が大阪空襲訴訟の原告と重なって見えました。ここにも日本政府から切り捨てられた人がいたのです。

重慶市内で開かれた重慶大爆撃訴訟原告団との交流会で、安野さんは重慶を訪ねた心境を語りました。

「戦争を起こした日本政府から謝罪もありません。あきらめの人生を受け入れたままで死んでしまうと、子や孫の代にも繰り返されてしまうと思い、提訴しました。大阪での裁判に追われ、つい最近まで皆さんたちのことは頭にありませんでした。ここに来て、加害国の一人として自分の国が犯した空襲に向き合うことが大事だと思い知りました」

それに対して、共同代表の盧賢柏さんが「安野さんら日本の空襲被災者と私たちの立場は一緒。同じ戦争の犠牲者です」と述べ、安野さんの手を握りしめて、こう語りかけたのです。

「私たちが恨みに思っているのは当時の日本政府であり、軍国主義者です。戦争の被害を受けるのは私たち国民です。二度と悲惨な戦争を繰り返さないためにも、これからも手を取り合っていきましょう」

東京大空襲訴訟の原告団は重慶の原告団とすでに交流を重ねています。安野さんの今回の重慶訪問は、大阪の原告団もまた、被害と加害という立場の違いを越え、ともに過去の戦争責任を追求していくきっかけになったのではないでしょうか。


大阪空襲訴訟の審理が始まって2年。この間、法廷の外でも大きな動きがありました。東京大空襲訴訟の一審判決。全国空襲連の発足。安野さんの重慶行きを通し、日中の交流が始まろうとしていることもその一つにあげていいでしょう。

そんななかで、少しずつ、この大阪での空襲訴訟が知られてきたように思います。それは、原告たちがことあるごとに街頭に立ったり、各地の集会などで訴えてきたからです。その訴えとは、裁判を通して日本政府の責任を明確にすること、戦争損害受忍論を撤回させること、そして二度と戦争の悲劇を繰り返さないことです。

そんな原告たちの身体を張った「反戦運動」を支えていただけませんか。よろしくお願いいたします。

最後になりましたが、昨年亡くなられた小見山重吉さんのご冥福をお祈りするとともに、その仏前に「勝訴」のご報告を届けたいと思っています。

2011年5月3日

「新聞うずみ火」代表　矢野　宏（「大阪空襲訴訟を支える会」代表）

関係年表

2005年　小見山重吉さん、安野輝子さん、藤原まり子さん、小林英子さんが「戦災傷害者の会」を結成。学校などで空襲体験を証言するなど活動を始める。

2006年3月　東京大空襲訴訟決起集会に小見山さん、安野さん、藤原さんが参加。

8月　国会議員に立ち会ってもらい、戦時災害援護法の制定を求めて内閣府に陳情。

2007年3月13日　大阪・天王寺駅前で国に賠償と謝罪を求める街頭署名活動。

5月27日　大阪・梅田で国に賠償と謝罪を求める街頭署名活動。

7月25日　署名を内閣府、厚生労働省に届けるため上京。「東京大空襲訴訟」事務所を訪ねる。

8月　署名が内閣府と厚生労働省の間でたらい回しにされ、一時紛失状態に。

9月　署名が見つかるが、受け取りを拒否され返却される。

2008年3月13日　集団訴訟を視野に、被災者・遺族の思いを聞く「空襲110番」を実施。

4月　東京大空襲訴訟の原告団、弁護団を招いて勉強会。

6月　引き受けてくれる弁護士探しが難航するなか、高木吉朗弁護士が受任。

11月24日　「大阪空襲訴訟」原告団結成総会&支える会発足のつどい。

12月8日　原告18人が大阪地裁に提訴。

2009年3月4日　第1回口頭弁論。原告の安野さんが意見陳述。

6月3日　第2回口頭弁論。原告の藤原さんが意見陳述。

7月27日　第3回口頭弁論。原告の小林さんが意見陳述。

10月14日　第4回口頭弁論。原告の吉田栄子さんが意見陳述。

12月5日　大阪空襲訴訟1周年記念のつどい（西区民センター）。

12月7日　第5回口頭弁論。原告の中本清子さんが意見陳述。

12月14日　東京大空襲訴訟で一審判決、原告側の請求を棄却される。

2010年1月16日　学習会「東京判決をどう考えるか」（長居障害者スポーツセンター）

2月24日　第6回口頭弁論。原告の浜田栄次郎さんが意見陳述。

3月10日　国会議員との懇談会。

3月22日　原告の小見山重吉さんが亡くなる。

5月26日　第7回口頭弁論。原告の永井佳子さんが意見陳述。

12月8日　大阪空襲訴訟2周年のつどい（ドーンセンター）。

2011年2月28日　第8回口頭弁論。証人尋問で早稲田大学の水島朝穂教授が戦時の防空法制について証言。本人尋問では安野さん、吉田さん、森永常博さん、浜田さん、奴井利一郎さんが証言台に立つ。

3月9日　第9回口頭弁論。九州大学大学院の直野章子准教授が「戦争損害受忍論」について証言。本人尋問は藤原さん、小林さん、永井さん、谷口佳津枝さん、萩原敏雄さん、田中正枝さん、森岡惇さん、中本さん。

○大阪空襲訴訟　弁護団　連絡先

大阪中央法律事務所　弁護士　高木吉朗
〒540-0033　大阪市中央区石町1-1-7
TEL 06-6942-7860　FAX 06-6942-7865
http://o-bengosi.hp.infoseek.co.jp/osaka-kusyu/

○弁護団

井関和彦（井関・西岡法律事務所）
高木吉朗（大阪中央法律事務所）
梅田章二（大阪中央法律事務所）
大前　治（大阪京橋法律事務所）
小田勇一（大江橋法律事務所）
小林徹也（大阪中央法律事務所）
阪口徳雄（あさひ法律事務所）
篠原俊一（関西合同法律事務所）
杉島幸生（関西合同法律事務所）
喜田崇之（関西合同法律事務所）
杉山　彬（杉山法律事務所）
西　　晃（河村武信・西晃法律事務所）
藤木邦顕（豊中総合法律事務所）
西川大史（大阪中央法律事務所）
菊田大介（尼崎あおぞら法律事務所）
髙江俊名（松森・高江法律事務所）
岡　千尋（大川・村松・坂本法律事務所）

○「大阪空襲訴訟を支える会」要綱

◎会の目的：みなさまの会費をもとに、「大阪空襲訴訟」を物心両面で支援し、裁判の傍聴や世論喚起など訴訟の意義を社会に広げる共同の運動を広げていきます。
◎年会費：一口3000円
◎募金：一口1000円、何口でも。募金だけのご協力も歓迎いたします。
◎会員のみなさまに
①裁判の進行状況をニュースでお知らせします。
②裁判の日程、政府や国会などの要請行動などの日程を連絡します。
③ご都合のつく範囲内で集会や署名運動、裁判傍聴への参加などご協力ください。

お振り込み先（郵便振替口座でご入金をお願いします）

〈口座番号〉00900-3-170557
〈加入者名〉大阪空襲訴訟を支える会

矢野 宏（やの　ひろし）

1959年生まれ。『新聞うずみ火』代表、関西大学非常勤講師。新聞記者を経て、87年４月、ジャーナリストの黒田清が設立した「黒田ジャーナル」に入社。反戦・反差別を２本の柱とした月刊誌『窓友（そうゆう）新聞』のデスクとして、主に社会的に弱い立場に置かれた人たちを取材してきた。その一方で、テレビ・ラジオ出演や、時事問題や人権問題に関する講演活動を行うなど、幅広く活躍。主な著書に『在日挑戦—朝鮮高級学校生インターハイへの道』（木馬書館）、『絶望のなかに希望を拓くとき』（女子パウロ会）（どちらも日本図書館協会選定図書）、『大阪空襲訴訟を知っていますか』（せせらぎ出版）など多数。
大阪空襲訴訟を支える会代表。

●装幀——濱崎実幸
●写真——矢野　宏・栗原佳子

空襲被害はなぜ国の責任か
—大阪空襲訴訟・原告23人の訴え—

2011年6月1日　第1刷発行
定　価　700円（本体667円＋消費税）
著　者　矢野　宏
発行者　山崎亮一
発行所　せせらぎ出版
〒530-0043　大阪市北区天満2-1-19　高島ビル2階
TEL. 06-6357-6916　FAX. 06-6357-9279
郵便振替　00950-7-319527

印刷・製本所　株式会社関西共同印刷所

©2011　ISBN978-4-88416-205-4

せせらぎ出版ホームページ　http://www.seseragi-s.com
メール　info@seseragi-s.com